U0681729

刘长铭

主编

好父母修炼手册

中学卷

中国言实出版社

图书在版编目(CIP)数据

好父母修炼手册. 中学卷 / 刘长铭主编. -- 北京：
中国言实出版社，2024.1
ISBN 978-7-5171-4731-2

Ⅰ. ①好… Ⅱ. ①刘… Ⅲ. ①中学生—家庭教育
Ⅳ. ①G78

中国国家版本馆CIP数据核字（2024）第018508号

好父母修炼手册·中学卷

责任编辑：王建玲
责任校对：张天杨

出版发行：中国言实出版社
　　　　　地　址：北京市朝阳区北苑路180号加利大厦5号楼105室
　　　　　邮　编：100101
　　　　　编辑部：北京市海淀区花园北路35号院9号楼302室
　　　　　邮　编：100088
　　　　　电　话：010-64924853（总编室）　010-64924716（发行部）
　　　　　网　址：www.zgyscbs.cn　电子邮箱：zgyscbs@263.net

经　　销：新华书店
印　　刷：北京温林源印刷有限公司
版　　次：2024年6月第1版　　2024年6月第1次印刷
规　　格：880毫米×1230毫米　　1/32　　8.625印张
字　　数：164千字

定　　价：58.00元
书　　号：ISBN 978-7-5171-4731-2

本书编委会

主　编：刘长铭

编　委：（以下按姓氏笔画排序）

白宏宽　阮守华　张文超

郭　杰　桑春茂　管　杰

熊　劲　冀红杰

写给中学生的父母
——评《好父母修炼手册·中学卷》

　　不论怎样形容家庭或家庭教育对人成长影响的重要性都不为过。

　　我的职业生涯是陪伴中学生度过的。四十多年的从教经历让我目睹了许多孩子成长的历程。目睹得越多，就越时常思考一个问题，这个问题也是许多家长心中的困惑——为什么孩子——当年一群同龄的或同时代的孩子，在同一所学校里上学，在同一个班级里学习，由同样的老师教课，课堂上学习的内容也基本相同……但是五年后、十年后、二十年后……差别却如此巨大，生活的轨迹却如此不同？这当中除了社会因素外，不能不让我们想到家庭或家庭教育的影响。

家庭教育问题源于生活问题

多年的教育工作让我认识到，家庭教育中出现的问题，本质上是家庭生活的问题，是家长身上存在的问题。

孩子升入中学的同时，家长也步入中年。人生的这个阶段，正值"事业发展关键期""工作生活冲突期""精神压力倍增期""生活负担加重期"，因而也是"烦躁情绪易发期"，而此时的家庭生活又进入了"常态平淡期"，生活琐事使家庭中矛盾频发，尤其是当孩子面对巨大的学习压力出现反应时，夫妻之间教育观念的差异以及对未来的焦虑，更使家庭冲突不断加剧和升级……这些因素的叠加，使夫妻关系进入到一段"危险期"。

所以多年来，我一贯坚定地认为并告诫年轻的父母，在家庭生活中，夫妻关系永远是第一重要的，因为这是构成家庭的基础，是孩子情感扎根的土壤，是孩子获得安全感的前提。如果夫妻中某一方将孩子放在第一位，把全部注意力都集中在孩子身上，那么这个家庭的未来是堪忧的。

榜样是一种无言的教育

还有一个问题是我近些年感受到的。在我从教四十多年的经历中，不同时期面对的是不同年龄、处于不同生活和成长阶段的家长。我从不少家长身上看到了"巨婴"的痕迹，甚至有些家长的行为暴露出了明显的人格缺陷，而他们正在影响着下一代。这恐怕是我们要认真面对的一个现实问题。

从人成长发育的角度来讲，孩子升入中学，就进入了青春期。不少教师和家长都有一种"青春期恐惧症"。一提到青春期，他们脑子里立刻闪现出"逆反""厌学""早恋""不服管教"等一系列可能产生的行为。对于中学生家长来讲，我只想强调一点，这就是榜样和示范的作用。榜样是一种无言的教育，也是最有效的教育、效果最持久的教育，是影响孩子一生的教育。

北京四中曾做过多次问卷调查，结果显示，有70%多的学生把家长当作自己的榜样。进入青春期的孩子正在寻找自己的榜样，正在确立自己的人生目标，此时的家长能不能成为孩子的榜样，这对孩子一生的发展都非常重要。

家庭和家庭教育应当给予孩子什么

家庭教育是生活的教育。生活教育的内容不仅是使孩子掌握必要的生活技能，更重要的是培养孩子对生活的热情，形成积极乐观的生活态度。面对快速变化的世界，唯有以积极乐观的心态去面对，才能更好地适应未来变化的职业与生活，并享受到幸福。

家庭教育是情感的教育。家长要给孩子播下爱的种子，培养孩子成为一个富有同理心的人，一个具有悲悯情怀的人，一个宽容和包容的人，一个乐于助人和奉献社会的人。

　　家庭教育是养成良好性格和习惯的教育。家长要以身示范，培养孩子成为一个举止文明的人，一个品位高雅的人，一个内心丰盈的人，一个热爱学习的人，一个懂得科学生活的人。

　　家庭教育是品德修养的教育。家长要教会孩子遵守规则，尊重他人，懂得责任与良知，促进孩子不断自省与完善，培养孩子成为一个有益于社会的公民。

　　家庭教育是构建精神世界、塑造人生观价值观的教育。一个人的胸怀、眼界、格局、修养主要来自于家庭和家长的影响。家长要引导孩子思考未来，思考人生，一生追寻过有意义的生活。

　　家长既是教育者，更是学习者。生育后代是为了传递自己的生物基因，教育后代是为了延续自己的文化基因。我们无法在短时间内改造自己家族历经数代生活所形成的生物基因，但我们可以通过学习使自己获得优良的文化基因，并将自己优良的文化基因在孩子身上延续下去。这就是家庭教育的本质。因此，家庭教育是家长与孩子一起学习、成长和修行的过程。

刘长铭

2014 年 1 月 10 日

目 录
CONTENTS

蓄力前行的绝佳机会，更是家校互信共促学生成长的重要时期。

自我发展篇

家校共育篇

构建家校教育系统，打造学生成长平台

目前家庭教育存在着诸多问题，而家校共育是公共服务的责任，是学校高质量教育的支撑，是社会稳定的基础，作为学校，有义务给予家长有效的指导，从而把握家庭教育契机，保证良好的亲子关系。作为教师，应该引导家长完善教育体系中的家庭教育，从而更好地辅助学校教育。各方不缺位、不错位，坚持问题导向、目标导向、效果导向，促进孩子健康成长。

家庭是人生的第一个课堂，家庭教育最重要的是品德教育，是如何做人的教育。但是，目前家庭教育存在着诸多问题，而家校共育是公共服务的责任，是学校高质量教育的支撑，是社会稳定的基础，作为家校教育辅导分中心的东直门中学，我们有义务给予家长有效的指导，从而把握家庭教育契机，保证良好的亲子关系。

我的初心

　　家庭教育现状："老师，我觉得我们家孩子上初三以后可能是学习压力大了，叛逆得很，他不听我的了，您帮我跟他说说，让他剪剪头发吧，他听老师的话。"——这是我班里一个行为举止比较幼稚的学生家长发来的求助短信。但是仔细思考，和同龄同学相比，显得不像初中生的小朋友跟"青春期"这仨字倒是有些不搭。我在和孩子沟通之后，向家长了解孩子学习情况时，家长无意间透露给我这样一个信息——孩子每天被家长安排得非常紧凑——练习册、网络课密密麻麻，看得出来，这位家长深信不疑地认为这样就是对孩子的一种具有现实意义的家庭教育方法。我恍然大悟，原来家长认为家庭教育约等于在家学习文化课知识。

　　家庭教育在很多家长看来并不是专业的技能，只要有个大概的方向足矣，"我说出来的都是苦口婆心的忠告，是我人生几十年的宝贵经验，只要孩子听进去就能少走很多弯路"，这是绝大多数家长在家庭教育中所表现出来的出于帮助孩子的教育方法。每个家长对于教育都有自己的发言权，更有落实的能力和权利，所以现实中的家庭教育是五花八门的，是支离破碎的，是带有家长个人色彩的。

因此，我在工作中坚持问题导向，从解决家庭矛盾的角度出发，引导家长完善教育体系中的家庭教育，从而更好地辅助学校教育，成为我在家校共育主题活动中的初心。

我的目标

作为班主任，首要任务是帮助家长确立科学的家庭教育理念。孩子们的成长过程，大部分时间都在校园。学校应该是教育的主阵地。同样，孩子的教育也离不开家庭，家庭教育要与学校教育紧密结合起来。家庭教育的目标不应仅是学科知识，更重要的在于引导学生走上人生正轨，建立学生梦想起航的港湾。

其次，着力于划清家校责任边界，保证家校之间的顺利沟通，提高共育的效果。以家长群为例，有的时候它成了老师疲于应付的"加班群"，有的时候成了家长盲目点赞老师的"夸夸群"……其实，记录孩子的成长，教育目标的沟通，才是实现相互尊重、相互包容，家校合作协同育人的方法，最终达到"1+1 > 2"的效果。

最后，用科学的教育教学办法给学生创造多元的在校学习环境，给学生带来家一般的归属感，力求达到松弛有度的平衡点。在校期间除了日常的学科教学，初三年级在学校的引领下也在开展一系列有意义的学生活动，这让学生在学科课程之余得到精神上的放松和多元化的学习机会，打破学生对于学校教育的传统观念；并且在班级内开展"提高自主能力，走出舒适圈"主题班会，学生制订在家期间的切实可行的计划，将规矩意识带回家中，从而找到学校教育与家庭教育中的平衡点。

我的工作过程

家校共育是一个长期的德育工作课题，甚至从学生入学前到毕业后都会有所延伸。在上学期，年级根据疫情防控要求，开展了部分家长的家校共育沙龙活动。十三位班主任和家长围绕着学生手机的管理、名著阅读督促、完成作业拖沓等几个共性问题一起探讨家庭教育中家长面对的各种困难并共同寻找解决办法。

"我们家孩子写作业可慢了，老是弄得特别晚。""哎哟，我们家孩子也是，肉着呢。""嘿！谁不是呢？"家长们你一言我一语，交流得不亦乐乎。在我看来，这种家长间的交流过程非常有意义，大家放下"内卷"，不再比拼成绩，不谈补习班，而是尽情释放压力，互相之间看到压力普遍存在，互相理解，更重要的是，在老师们给家长解释了作业量的真实情况，分析孩子们拖延的原因以后，家长能够感受到老师留的作业是去粗存精的，是帮学生减轻负担的，从而理解老师的工作，改变了"老师留的作业多，用时太长"的错误观点，回归到和老师一起来解决孩子拖延问题的正确轨道上。其实，家校共育中"共"是关键，而我理解"共"是一种共情，是一种理解，并不单单是指老师理解家长，还要让家长理解老师平时工作中的辛苦，这样才能够获得家长对学校管理的认同感，从而能够静下心来，平等沟通，最终达到助力学生成长的目的。

现在，我班级内的家长与老师能够有效配合，形成家校共育的整合优势。这非常有助于为学生营造一个和谐的家庭环境和校园环境。各方不缺位、不错位，坚持问题导向、目标导向、效果导向，疏通家校共育不同步、不合拍的堵点，促进孩子健康成长。

北京市东直门中学　李小壮

成功的动力，成长的魅力
——当代高中学生家长的育人观和成才观

　　家庭教育成功的关键要素为家长具有科学的育人观念和成才观念。家长要呵护孩子的身体健康，尊重孩子的成长规律；激励孩子自我驱动的愿望与达成；以时代与社会发展需要引导孩子全面而有个性地发展。家长树立科学的育人观和成才观，要遵循五个基本原则，守住四个底线，掌握三个重要方法。

教育为孩子的成长成才奠基。家长应该给孩子最好的教育。因此，家长要树立科学的育人观和成才观。

一、家长要树立科学的育人观和成才观

好孩子是幸福家庭的源泉。我国从古至今都非常注重家庭教育，尤其强调家长在孩子教育中的作用。古有耳熟能详的孟母三迁、断机教子的故事；近代有梁启超的"梁氏家教"，在他的教育下，九个子女皆成为某一领域的专家，流传出"一门三院士，九子皆才俊"的佳话；当代的成功家庭教育案例更是不胜枚举，如著名的院士李四光和他的女儿、女婿"一门两代三院士"举家报国的传奇；2021年两院院士行列中新增的"院士兄弟"马余强和马余刚事例等。

家庭教育成功的关键要素为家长具有科学的育人观念和成才观念。那么，作为新时代高中学生的家长，我们应该如何树立科学的育人观和成才观呢？

二、怎样理解科学育人观和成才观的内涵

2018年5月，习近平总书记在北京大学师生座谈会上讲话时指出："才者，德之资也；德者，才之帅也。"人才培养一定是育人和育才相统一的过程，而育人是本。人无德不立，育人的根本在于立德。《易经》有言："人生一世，唯有德行，可立一生。"做人先立德，德行就如同一棵大树的根基，扎根深

厚，才能长成参天大树。

孩子的成长是一个由内而外成长，同时又是由外而内发展的影响过程。

由内而外成长。正如先哲苏格拉底提出的"教育不是灌输，而是点燃火焰"，育人育才的过程就是去发现孩子的那团火，然后用顺应孩子的内在成长需求和成长规律的方式去点燃它。当孩子内在的成长潜能被点燃，自然就会体会到成长，体会到成为他自己的成长的魅力。

由外而内发展。人存在的最重要的价值就是服务我们所在的社会，为我们的社会、我们的国家创造价值。在高中阶段我们要为孩子开设多种课程，提供多样机会，拓宽视野，搭建舞台，让孩子去接触、体验、经历多姿多彩的社会生活，让孩子去更加系统地感受个人成长与社会发展的意义关联。当社会发展的大道与自己脚下之路更好地联系在了一起，孩子就会收获一种成长的自信，健全的人格和强大的精神。

育子成功的家长的育人观念和成才观念有共同点：如将孩子视为普通人、在孩子成长中不急功近利；给予孩子足够的尊重、理解和自由；更加注重孩子内在的修养与基础扎实以及促进孩子个性发展；等等。

家长科学的育人观和成才观，就是家长对孩子身心健康的呵护，对孩子成长规律的尊重；激励孩子实现自我价值，对孩子全面而有个性发展需求的支持；从时代与社会发展变化的视角对孩子进行主动引导。

每个孩子都是独特的生命个体，都有各自生命成长的体验。

首先，呵护孩子的身心健康，尊重孩子的成长规律。

孩子到了高中阶段会发生很多变化：一是自我意识在快速发展。对人生道路与社会发展，他们开始拥有自己的看法，开始更多地思考人生话题"我的意义，我想要成为什么样的人"。二是对自我空间的渴望在强烈增长。希望别人了解自己、理解自己、尊重自己，希望从父母的呵护中解脱出来，渴望拥有独立的活动空间，渴望追求自我人格独立。三是对社会与职业的方向的思考在逐步深入。对职业的选择有较为理性的思考，由幻想期进入预备期，意志动机的主动性、目的性增强，对社会各方面的关心程度增强，开始关注自己的兴趣、能力、社会价值取向以及切身利益的需求，开始评估自己未来发展的兴趣和志向。

同时，此时的他们又是一个矛盾体，他们的心理具有较大的不平衡性与冲动性，在情感方面激进性与脆弱性并存。他们会表现出对喜欢的活动充满热情，容易振奋，有时会出现盲目的狂热和急躁，以至不计后果的冲动。对自己在意的事情，往往出现两种极端情绪的交织，对获得的极度渴望和对过程无法掌控并最终没有达成的极度脆弱。而对学业压力或者生活打击，他们的承受能力还是有限的，容易出现被一次挫折击倒，自信转化为自卑，从而进入持续的情绪低谷的情况，等等。

高考是高中生绕不开的话题，如何正确对待高考，体现出育人观和成才观的科学性。常听到有人说："考上好大学就等于有了好人生。"但其实这句话的因果关系不是绝对的，"高考成功"只是意味着孩子在高中阶段的学业结果上取得了成功，并不意味着孩子在今后的成长发展、人生道路上都会一帆风顺。有数据显示，在考入"名牌学校"的学生中，有3.5%—12%的学生最后没有正常完成学业。

其实高考的成功只是孩子成才之路的第一个"里程碑"，更重要的是保护好孩子的心理与兴趣，让孩子不因高中阶段的成长过程体验的缺失，失去了在大学乃至之后走向社会获取幸福的感受能力。

高中阶段是每个孩子的黄金时期，观察力、记忆力、想象力等几乎是人一生的巅峰时期，孩子们自我意识萌发带来的"发展张力"，正是青春成长的巨大引擎，孩子独特的成长阶段真正被尊重、被支持、被引导、被点亮，将是孩子未来走向成功不竭的动力。

享誉世界的科学巨匠钱学森，中学时代爱好广泛，对什么都充满好奇，学校开设的选修课，都成为他的"必修课"。除了喜欢美术外，他还喜欢吹拉弹唱，什么圆号、笛子、口琴啊。小提琴拉得旋律优美，经常在学校举办的联欢会上展示才艺。他每天都在操场上坚持锻炼，强健体魄。据钱老自述，正是因为他一生拥有对艺术美的追求以及强健的体魄，才足以支撑他在科研攻坚中抵抗住那一切的艰辛、劳苦和困难。

孩子们的出类拔萃，不是简单地表现在考试成绩上，而是凸显在人格上，"无用之用，方为大用"，中学时代尊重个性、滋养内心对于人未来成才非常重要。

其次，激励孩子自我愿望的驱动与达成。

家长要尊重、珍视孩子，从孩子内心深处了解孩子，信任孩子。有的人可能在中学时代甚至儿童时期就表现出了特殊才华，更多人则是走向社会以后才能到达人生的巅峰，但是谁的人生都不会始终保持在高峰，波峰之后总会有波谷的到来，成功人士走向懈怠乃至堕落的也大有人在，所以成功永远不是最终的目的，永远不是人生的终点。形成对自我价值追求的清晰认知，拥有追求自我价值实现源源不断的动力，才是生命中更加珍贵的财富。

再次，家长要以时代与社会发展需要引导孩子全面而有个性地发展。

每一个时代都需要与其相匹配的人才，努力成为未来社会发展迫切需要的人，这是最为守正创新的成功之道。所以家长需要融入顺应时代发展变化的思想，明确当今社会发展对人才的需求，和孩子一起建立一个关注时代、理解时代、适应时代的发展观。

新中国成立后，我们的培养目标从"三好"到"四有"再到"五个成为"，体现了国家对青年成才要求的变化。习近平总书记提出：当今中国最鲜明的时代主题，就是实现"两个一百年"奋斗目标、实现中华民族伟大复兴的中国梦。当代青年要树立与这个时代主题同心同向的理想信念，敢于担当这个时代赋予的历史重任，励志勤学、刻苦磨炼，在激情奋斗中绽放青春光芒、健康成长进步。

单纯地掌握知识、单一专项的能力已经无法满足未来社会对复合型人才的需要，只善于应对确定性的应试教育思维将遭遇严峻挑战。在新时代，温暖、智慧、勇敢、能力全面而富有个性化发展的人才方能赢得未来。当今是充分强调合作、协同的时代，只有把个人的成长与国家、社会的发展充分融合，各美其美，美美与共，个体才能获得更大的成功。

我们要用成长性思维和眼光去引导孩子、鼓励孩子，从传统文化的根源中汲取力量，在时代的必然中把握机遇。

科学育人观和成才观，就是更好地激发孩子成长的魅力，发掘孩子成功的动力。要通过呵护身心健康、尊重成长规律，破除发展的阻力，使孩子"走得稳"；通过培养核心素养、善用成长思维，激发成功的动力，使孩子"走得好"；通过激发孩子内驱力，建构孩子自我激励闭环，让孩子真正体验内生性成长的魅力，使孩子"走得远"。

三、家长如何树立科学的育人观和成才观

家长要树立科学的育人观和成才观，要做到"543"，要遵循5个基本原则，要守住4个基础底线，掌握3个重要方法。

（一）坚持5个基本原则

普遍性：形成人人都希望成才、人人都可以成才的基本认识，尊重高中阶段学生发展的普遍规律，不唯分数论、不片面强调成绩。

全面性：注重人的全面发展，注重孩子身心健康，让孩子德智体美劳得到全面发展。

示范性：家长是什么样的人比家长做什么更重要，家长怎么做比家长怎么说更重要。

时代性：随着社会的发展和进步，人才将不断改变着自己的内涵和外延以适应社会发展要求，评价人才的标准也随着时代的变化而变化。

超越性：鼓励孩子不断树立远大理想信念，自我完善，自我反思，自我超越。

（二）守住4个基础底线

一是保证孩子营养均衡、睡眠充足、科学运动、身心愉悦。

二是尊重孩子身心发展规律和个体差异，教导其珍爱生

命，投入时间陪伴孩子，以爱育爱。

三是尊重孩子人格尊严，保护隐私权和个人信息，保障合法权益，不得实施家庭暴力。

四是与学校、教师、社会教育紧密协同，保持良好沟通，合力解决孩子发展中遇到的挑战性问题。

（三）掌握3个重要方法

我们还要结合高中学生的发展特点和容易出现的问题，给予适切的解决方法。这里重点谈三点：

1. 识别疏导情绪。

父母对孩子要有合理的期待，并要与孩子经常沟通。父母与孩子在一道度过的生命历程中，成长、成熟，取得成功、成就。在我们对北京市高中学生的调研问卷中，"你认为目前影响你学业的最大因素是什么"，情绪因素排在第二位，仅次于学习方法。在对高中学生家长的调研问卷中，"当孩子心情不好时，您能给予及时的关心和帮助吗？"有近半数家长不能及时发现或者没能采取办法和措施。如何及时捕捉到孩子的情绪变化，准确判断孩子的情绪状态，并给予适当的关注和干预，是家长需要特别关注和学习的内容。

2. 激发内动力。

家长激发孩子"一直向上向前向善"的内动力，要把握住"归属""能力""独立"3个关键词。

归属：通过给予孩子无条件关注、高质量陪伴，让孩子感受到足够的安全，为孩子创造归属感。有归属感的孩子，往往能够更好地处理自我需要与他人需要之间的连接。

能力：要帮助孩子分解出小目标，让孩子知道自己能够做到，从而不断丰富孩子内心的满足感，有效提升孩子的能力。能够正确评估自身能力的孩子，往往能够更好地处理自己与环境之间的关系，不会轻易将成功归为己有，也不会极力将失败归因他人。

独立：需要放手让孩子独立完成任务，让孩子自己做选择、拿主意、求答案，让孩子掌控自己的生活，真正实现孩子的独立自主。

3. 平等对话，予以孩子足够的尊重、理解和鼓励。

在此次对北京市高中学生和家长的调研中，发现沟通是一个比较突出的问题。问家长"当您在教育孩子的时候，会注意自己的语言和语气吗？"有 73.9% 的家长认为会注意；但对学生问到"父母在教育你的时候，会注意自己的语言和语气吗？"则有接近 50% 的学生认为没有。可见，家长和孩子之间对于沟通的理解和行为感知是有偏差的。

孩子能够感觉到被父母尊重、理解、鼓励，是建立在平等原则之上，这种平等不是关系上的平等，而是人格上的平等，其中平等交流是很重要的部分，家长面向孩子要学会换位思考、主动关心和平等交流。

家长要依据子女的兴趣爱好实施引导，平等地与孩子交流，充分尊重子女的个性和兴趣爱好，不强迫子女做不喜欢的事，而是随子女心愿从事自己喜欢的事业。

2021年11月，联合国教科文组织发布的教育报告指出，直面现实挑战和不确定的未来是我们当前所处历史阶段的显著标志，其更加呼唤在家庭互动中培养孩子对话与沟通思考的能力，以适应未来。学校教育注重面向所有、注重整体、注重均衡，在个性化、特殊性、差异性上存在一定的不足。学校教育的缺失，主要靠家庭、靠父母来补齐。

可见，家长给孩子最好的财产不是财富，而是教育！学校和家长应该用勇气、领导力、创造力和关怀的行为，富有创造性地为孩子在高中阶段奠基美好的未来！

北京市第十八中学　管杰

"双减"背景下"家校共育"的转型升级

"双减"背景下,"家校共育"显得更为重要。实践"家校共育"理念,首要任务就是强化教育的共同目标,而构建"家校共育"机制,赋能初一教学,拓宽教育途径,必须立足于初一学生的心理、性格等方面特征,多渠道、多层次、多方位探寻突破点、找准发力点,科学建构新型"家校共育"机制。

一、"双减"背景下"家校共育"的内在意蕴

2021年7月,中共中央办公厅、国务院办公厅下发《关于进一步减轻义务教育阶段学生作业负担和校外培训负担的意见》(下文简称"双减"),明确指出:"明晰家校育人责任,密切家校沟通,创新协同方式,推进协同育人共同体建设。"在"双减"政策的大背景下,构建家、校、社教育共同体势在必行。"双减"政策针对超量布置家庭作业、频繁日常考试以及家长送孩子参加校外培训等现象,有的放矢,多措并举,力求"让教育回归本真""让学生回归校园""让教师回归本心""让学习回归本质""让孩子回归家庭"。

学生学业负担的减轻,并不意味着学生、家长、教师可以"躺平",而是对创建良好的教育生态提出了更高的要求。从这个意义上讲,"家校共育"在"双减"背景之下越发显得重要。所谓"家校共育",离不开家庭与学校基于立德树人的教育目标,共担育人任务;离不开家庭与学校基于学生实际,共创育人模式;离不开家庭与学校基于各种资源,共建育人机制。

"双减"背景下,"家校共育"不仅仅是在减轻学生的学业负担,而且是在为教育的三大利益相关者——教师、家长、学生减负,从而在根本上优化教育环境。如何避免"家校共育"走向功利化、避免教师负担和家长负担的变相升级,是

"双减"政策的内在之义。

二、"双减"背景下初一年级践行"家校共育"势在必行

基于初一年级学生的心理特征、学年特征、教育目标三大维度去考量，初一年级践行"家校共育"势在必行。

就初一学生的心理特征而言，初一学生的心理特征呈现一定的"矛盾性"。从小学阶段升入初中阶段之后，无论是身体形态、身体机能，还是心理特征、性格特点等都会相应地发生变化。一方面，表现出成熟与独立的一面。初一年级的学生正处于童年和少年的过渡时期，这一时期，学生的自我意识、理性思维都在逐渐发展、逐渐成熟，他们会逐渐建立起自我评价的意识，会非常渴望能够给老师、同学们留下美好的印象，而且性格独立性显著增强，不愿意被父母过多地干涉自己的学习和生活，希望能够有自己的独立空间。另一方面，依然存在幼稚性和依赖性。初一阶段的学生在集体生活中较容易产生从众心理，独立思维尚未发展成熟的情况下就容易"盲从"。在初一新学年刚开始的时候，他们面临新环境、新同学，会产生新鲜感，但是随着学业任务越来越繁多、学习难度也越来越大，而且学法与小学不同，会使得新鲜感消退，紧张感增加。因此，学校给予合理的学法指导，家庭关注细微的心理变化尤为重要。

就初一年级的学年特征而言，初一是重要的适应过渡期、习惯养成期。初中阶段属于义务教育阶段，义务教育阶段的学生课业压力在"双减"背景下逐渐变得相对轻松，但是知识的难度、学习的深度是渐进提高的。升入初一年级，同学们很容易继续沿用小学阶段的学习方法和学习态度，显得左支右绌，疲于应付，上课会跟不上节奏，日积月累便会容易降低学习兴趣。由此可见，对新环境的适应速度会对初一学生的学习、心理、性格、习惯等方方面面产生较大影响。初一学生必须做到及时调整，做好时间管理，那么践行"家校共育"机制、形成教育合力、回归教育本质就显得非常重要。

就初一年级的教育目标而言，扎实基础知识、树立正确三观，以全面发展、素质教育和立德树人为主要目标。在"双减"背景下，实践"家校共育"理念，首要任务就是强化教育的共同目标。如果教育目标不一致，"家校共育"就难以达成有效效果。一方面，不应只看分数。初一年级不同于小学，只要努力便容易得满分或者接近满分，初一的基础知识难度加大，试题难度也会比小学更难，得满分是十分困难的，如果家长过于看重孩子的分数，唯分数论，那么家长便会更多地通过分数来评价学校、评价教师的教学成果。另一方面，不应只看重语、数、英三大科。小学阶段的语、数、英三大科十分重要，老师和家长也重点督促孩子三大科的作业完成。但是在初一年级的所学科目中，史、地、政、生，包括音体美在整个中学阶段同样十分重要，如果过于注重中考科目的学习成果，而不重视其他科目，那么就会导致家长对学校教学的看法存在一定偏差。因此，学校和家长应在育人目标上达成一致，形成共识，这是构建"家校共育"机制的重要基石。

三、"双减"背景下初一年级践行"家校共育"的路径导向

"双减"背景下，构建"家校共育"机制，赋能初一教学，拓宽教育途径，必须立足于初一学生的心理、性格等多方面特征，多渠道、多层次、多方位探寻突破点、找准发力点，科学建构新型"家校共育"机制。关注初一学生的"适应性"，完善家校沟通机制。从小学生转变为中学生，适应的速度很大程度上直接影响着整个初一学年的学习效果，因此尽快适应新生活是初一年级教学中的重要一环。

（一）家校共育的内容体现全面性

身心方面。作为家长一定要关注到孩子身心方面的变化，注重培养孩子的自我管理意识，尊重孩子的选择，让孩子学会自己计划、安排自己的学习、生活。

学习方面。从小学到初中，在学生的成长过程中是一个跃进。作为家长要时刻注意培养孩子树立远大的学习理想，明确的学习目标，端正的学习态度，持久的学习毅力。让这些良好的学习品质伴随孩子终身学习。

习惯方面。作为家长，要教育孩子懂得勤奋、懂得节俭、懂得谦虚、懂得礼让、懂得感恩，成为有理想、有本领、有担当的时代新人。一要教育孩子养成良好的学习习惯。要有良好的自主预习习惯、认真听课做笔记的习惯、积极思考质疑的习惯、按时完成作业的习惯、乐于合作学习的习惯、善于调整学习策略的习惯。让良好的学习习惯助力孩子学习成绩的提升。二要教育孩子养成良好的劳动习惯。培养德智体美劳全面发展的时代新人，良好劳动习惯的养成是必不可少的内容。初一年级是培养孩子良好劳动习惯的关键时期，作为父母要教育孩子尊重劳动、热爱劳动，养成做家务的习惯、爱劳动的习惯。从整理自己的房间、帮厨、家具维护、打扫卫生、家庭环境美化等力所能及的家务劳动和简单的手工艺制作等方面入手，逐渐培养孩子的动手实践能力、热爱劳动的习惯。三要教育孩子养成良好的生活习惯。每天坚持按时起床，保持适当的身体锻炼，注意个人卫生，形成良好的生活习惯。

（二）家校共育的途径体现多样性

1. 建立微信群。

微信是信息时代人们相互交流的媒体之一，也是开展家校沟通的主要途径之一。作为父母可以通过微信群及时了解孩子当日的在校表现，当天作业的完成情况。可以和老师及时了解孩子近期各方面的情况，及时沟通、解决孩子学习上、思想上存在的困惑。通过微信时刻关注班级动态，关注班级发送的每一条信息，督促孩子按时完成作业，参与孩子的学习生活。

2. 个别座谈。

单独进行有针对性的座谈也是家校沟通的途径之一。小学升到初中，孩子可能对新的学习环境存在不适应，对新组建的班级学生也存在不适应，刚接触新老师，对其教学方法也有不适应的现象，凡此种种，作为父母要及时发现，了解问题存在的原因，及时和老师沟通、解决，把问题处理在萌芽状态，帮助孩子尽快适应，进入良好的学习状态。

3. 进行家访。

家访是家校沟通的主要途径。针对上课时听课不认真、小动作多，作业经常不能按时上交，学习上缺乏信心、自暴自弃，课上注意力分散、专注力不强等的学生，老师可以单独进行家访了解。如果孩子存在上述行为，作为家长应积极配合学校、老师，找出这些行为背后的原因，对症下药，尽力解决，帮助孩子健康成长。

（三）家校共育的理念体现创新性

1. 树立"家为先堂，父母为师"的理念。

在"家校共育"的过程中，父母承担着家庭教育的主体责任，作为父母要坚决摒弃教育孩子就是学校的事、就是老师的事的错误观念，要切实履行父母教育孩子的主体责任，用正确的世界观、人生观、价值观影响、引领孩子养成良好的思想、品行和习惯。

2. 树立"家庭教育的根本任务是立德树人"的理念。

作为父母要正确处理孩子的成绩与成长的关系，正确处理孩子的成才与成人的关系，着力当下，着眼未来，以社会主义核心价值观、中华民族优秀传统文化、革命文化、社会主义先进文化，以良好的家风家教促进孩子健康快乐成长。

3. 树立"相互陪伴、互相促进、共同成长"的理念。

教育即陪伴。作为父母要通过亲子阅读、亲子游戏、亲子陪伴等途径融入孩子的学习、生活中，做孩子成长的陪伴者、见证者、帮助者。要善于发现孩子的优点、长处，充分发掘孩子的潜能，让孩子的优点、长处发挥到极致。要学会倾听孩子的心声，发现孩子的不足、缺点，既要分析产生的原因，又要给出解决的办法，取得孩子的信任，赢得孩子的尊重，做孩子成长的引路人、促进者。

初一年级是孩子初中的起始阶段，作为父母一定要更新理念，加强学习，以身作则，多陪伴孩子、多信任孩子、多支持学校、多理解老师，让孩子在家校共同呵护下收获最好的自己，绽放最美的青春。

北京第五实验学校　阮守华

调整家长角色，助力青春飞扬

绝大多数青少年在成长过程中都会遇到"发展性问题"，这个时候，如果家长能够更了解青少年的心理发展规律，读懂孩子的身心变化，积极地调整家长角色，为孩子"助力"而不是成为"阻力"，也就能更好地帮助他们顺利完成从儿童期到青春期的平稳过渡，助力青春飞扬！这种源自家庭后方的底气才是能够支持孩子应对挑战、健康成长的力量。

"当海浪咆哮着直冲云天的时候，汹涌的激情宣示着剧变的来临……"正如教育家卢梭对青春期的描述一般，孩子从小学步入初中，迈入青春期，身心变化也悄然而至。当孩子出现"叛逆、情绪化、不与父母交流"等现象时，更让家长焦虑不安。部分孩子变化之大甚至会让家长不禁发问："这还是我的孩子吗？"

其实，绝大多数青少年的这些变化都是由于生理—心理发育速度不一致所造成的。"第二次生长高峰"带来了生理的快速发育，但心理发展成熟的速度则相对缓慢。这种非平衡状态引起了种种心理发展上的矛盾——成熟与幼稚并存，独立与依赖兼具，自律与冲动同随，这使得孩子们存在很多说不出口或者不知道如何表达的苦楚，这时"叛逆、情绪化"似乎也就成为他们表达自己的方式。

在心理学上，这些变化被命名为"发展性问题"，就像孩子们幼儿期学走路会跌倒一样，现在他们学习走进成人世界难免在心理上也会跌倒，这是绝大多数青少年在成长过程中都会遇到的变化和问题。这个时候，如果家长能够更了解青少年的心理发展规律，读懂孩子的身心变化，积极地调整家长角色，为孩子"助力"而不是成为"阻力"，也就能更好地帮助他们顺利完成从儿童期到青春期的平稳过渡，助力青春飞扬！孩子正在长大，变化正在发生，作为家长的你们准备好了吗？

面对孩子的身体发育，做知识的传递者

孩子步入初一年级，家长可能会发现他们开始对自己和伙伴的外貌格外关注：班里面谁长高了，谁变声了，我是不是长青春痘了，我的发型是否好看等。很多家长对此感到困惑，孩子上了初一后对外貌特别在意，这该怎么办？

其实，这是非常正常的一个阶段。孩子们正在体验着身体发育带来的各种变化，因此，这种对身体的关注和好奇是必然的。在这个过程中，孩子也会产生各种困惑和焦虑，也会非常在意他人对自己外貌的评价。这时家长应该帮助孩子们树立自信，客观看待发育速度带来的差异，而不是加剧他们面对身体变化的焦虑感。

由于生长素的作用，青春期初期的孩子新陈代谢加强，身体内部各种器官机能迅速提高，身高体重急剧增长，形成了一生中迅猛发育的"第二次生长高峰"。同时，孩子的性器官发育逐步加快，第二性征逐渐出现，男女差异明显，性功能开始形成，性心理开始变化。在这个过程中，男孩女孩的生长速度并不一致，一般来说，女孩比男孩较早发育。女孩大约在9—14岁进入快速增长期，男孩则要晚两年左右。这也就导致在初一年级的班级中，常见女孩已经开始发育，而部分男孩在身高和体形上依然更趋同于小学生的现象。

由发育速度差异带来的身体变化也会引发心理变化。有

的人发育早些，有的人晚些，有的人快些，有的人慢些，因此，孩子们常常会有"我的变化（发育）正常吗？"这样的困惑。例如，当自己脸上出现青春痘时，当胸部发育比别人早时，当大部分同学都变得比自己高时，他们常常会感到自卑和惊慌失措。家长需要引导孩子学会用科学的、接纳的眼光看待这些成长和差异。帮助孩子了解到每一个人都会经历这些变化，所以，不必因为自己的变化和别人不太一样而紧张不安，也不要嘲笑或歧视跟自己变化不一致的同伴。家长需要客观看待和尊重孩子在身体发育过程中遇到的困惑，帮助孩子了解男女性生理结构、青春期生理卫生知识，正确对待身体发育速度不同带来的差异性，坦然接受青春期身体变化。

面对孩子的自我探索，做成长的支持者

孩子对外貌的关注，其实也是他们开启自我探索——寻找自己"位置"与"价值"的信号，是探索"我是一个什么样的人"的过程，这也是他们正在面临的另一成长课题。

步入初中，孩子们开始思索自己到底是怎样一个人，开启对自我的好奇和内部心理世界的体验。在心理学上，这一过程被称为"自我同一性"的冲突和探索，这也是青春期阶段心理发展的主要任务。在这样的探索过程中，自我同一性会经历剧烈的波动。例如：某一天孩子还很喜欢摇滚歌手，第二天就不喜欢了；前一天她最好的朋友是圆圆，第二天就成了方方。

每一天都会有新的事情发生，这是青春期的常态，是非常正常的。这样的探索能够帮助他们不断地澄清"我是谁""我喜欢和擅长什么""我的人际交往方式是什么"等一系列关于自我的问题。

在这一过程中，家长常常有这样的感慨，孩子怎么开始变得不听话了？小学时候乖巧的孩子哪里去了？怎么无论我说什么他都要跟我辩驳？这种变化对家长来讲很难适应，因为我们常常会感到被挑战、被质疑和被拒绝。但是我要恭喜各位家长，因为这恰恰是我们期待的成长方向。

孩子的成长，其实是一场与家长渐行渐远的分离。在养育孩子的过程中，如果家长能够给予孩子高品质的亲密关系，那么孩子就越有能力跟家长分离，比如更加有主见，有独立想法，有自主决定的能力等。换句话说，家长做得越好，就越可能会被孩子"抛弃"，也越有可能不再被孩子需要，这可能会导致家长的严重焦虑。每当孩子表达出许多自己的想法时，我们就需要更加清楚地意识到，我们的养育任务做得很好，而我们的孩子也在努力成长。

家长要调整自己的心态，尊重孩子的成长需求。在这一阶段孩子们有着被尊重、被信任和被认可的心理需求，因此在与孩子相处时，边界感很重要。如果我们能够尊重孩子独立与自由的空间，那么他们寻求自我、获得独立的过程就会更顺利。当孩子提出"妈妈你别总是管我，我自己知道！"的时候，如果简单地给他们贴上"叛逆，不听话"的标签是最简单的事情，但也是最无效的方式。这个时候，我们需要读懂孩子行为背后的需求。其实孩子是在表达我需要被信任，我已经长大了，我渴望能够规划自己的生活。

只有当成长的需求被看到被回应的时候，孩子才不需要再通过斗争的方式来表达诉求。大部分时候，孩子并不是为了叛逆而叛逆，而是他们需要去争取自己的权利，想要获得自己生活的掌控感。就像我们平静的表达如果能够被听到，我们就不需要大声地叫喊，对吗？当我们能够理解孩子、看到孩子内心的渴望时，改变就已经发生了。

面对孩子的成长困境，做理性的陪伴者

虽然孩子们有着独立的渴望，希望得到成人的尊重和理解，但相应的能力并没有发展完全，可能存在自控能力较差，情感和意志行为相对脆弱，容易冲动，思想内部充满着矛盾等问题。比如，他们希望能够自主地规划电子产品的使用时间和方式，但同时他们可能还不具备必要的自律能力。

这个时候，家长的角色该是什么呢？首先，家长不是敌对者。我们不能和问题站在一起去嘲笑或者指责孩子，我们需要意识到，他不是不想好好学习，而是自控力不足，需要帮助。其次，家长不是拯救者。成功的教育是让孩子有成就感，而不是家长有成就感。当孩子遇到困难时，可能会引发家长的

不安，于是我们太想把自己所有的经验告诉他们了，但很多时候会碰壁。又或者我们通过帮助孩子解决问题获得了成就感，但孩子却丧失了解决问题的自信。

其实，我们可以做一个理性的陪伴者，把观察到的问题和对问题的担心告诉他，可以提供一些自己的经验，但一定要表达"这是我的经验，不知道适不适合你，还需要你自己决定"，这样既提供了一定的支持，又把解决问题的主动权还给了孩子。当孩子有了小小的进步时，我们也可以给予欣赏，帮助他们逐步发展各项能力。

面对孩子的同伴交往，做底线的守卫者

随着自我意识的增强，孩子们产生了强烈的被他人尊重的需要，个人隐私范围扩大，人际关系也发生了变化。青春期之前对孩子而言最重要的是与家长之间的依恋关系，青春期开始之后，他们最在意的是和同伴之间的关系。孩子们不会再像小时候一般依赖和需要我们，这对家长来说其实是一种很痛苦的领悟，但是当我们能够理解这背后的原因时，也就能够更好地尊重并适应他们的变化。

作为成年人，我们也许很难理解一个初一的少女被朋友欺骗后的歇斯底里，或者是一个 15 岁的男孩因为没被邀请参加朋友的篮球聚会后的巨大失落，但对他们而言，这些痛苦和失落是非常真实而强烈的。此时的他们正在构建自己的关系网

络，他们害怕孤独，他们必须寻找同盟以稳固自己，获得内心的安全感。源于对同伴的需要，他们也会体验到"同辈压力"：也就是朋友之间要做同样的事情，有同样的观点，喜欢同样的明星，遵循同样的规则。一个13岁的女孩为什么一定要买明星卡片？因为她的朋友买了。一个15岁的男生为什么要玩游戏？因为他的朋友在玩。对孩子们而言，在所有的奖赏中，他们最想要的就是同伴的尊重，而他们最大的冒险也是在人际关系上的冒险——比如通过为一个朋友挺身而出获得认可。

孩子们互相怂恿，被彼此的独特和酷而鼓舞着，也体验到了强烈的团结与尊重。但这不免也让家长感到担心，他们会不会为了得到同伴的认可而尝试出格的行为？会不会受到伙伴的负面影响？到底该如何规范孩子的同伴交往？

首先，我们要认可同伴交往对孩子的成长意义，尊重孩子自主进行同伴交往的需求。其次，对于同伴交往的担心，我们要做好"底线教育"。我们需要明确告知孩子什么是同伴交往的底线。那么什么是底线？好好学习不是底线是要求，自律自控也不是底线是能力，团结友爱也不是底线是品质。那么底线到底是什么？安全是底线，法律是底线，例如，无论出于什么原因我们都不能损伤自己和他人的生命安全，不能让他人碰触自己的隐私部位等。类似的安全底线教育其实是非常必要的，但是我们常常忽略。我们要让孩子知道，在同伴交往中，底线是一条红线，逾越底线的行为是没有商量余地的。而对于底线之上的行为，我们可以和孩子进行讨论，在给予自主权的同时也让他们学会为自己的行为负责。这些讨论可以包括：孩子想要这样做的原因，他需要什么支持，这件事可能产生的后果，需要有哪些注意事项，等等。当然，这样的讨论一定是以双方情绪平稳为前提。我们要牢记，我们是在进行沟通，而不是命令。而沟通不仅仅是为了达成一致，也是为了了解差异。

面对孩子的情绪变化，做情感的滋养者

伴随着孩子生理的发育，也带来了情绪的丰富和不稳定。青少年阶段负责情感体验的大脑边缘系统快速发育，但负责控制它们的前额叶皮质还没有发育完全。因此，兴奋和抑制能力不平衡，导致情感丰富但不稳定，变得更加敏感，遇事容易冲动。各种情绪的起伏还会影响他们的思维方式，他们开始用更复杂的方式来认识自己和他人。比如，一个没有表情的眼神或走廊里的一次碰撞都可能被青少年解释为是故意的；在我们看来毫无恶意的陈述，在他们看来却可能是咄咄逼人的。这样的敏感和戒备不难理解，因此他们开始离开家长的保护，尝试自己进入一个充满了不确定性的环境中探索。

情绪的不稳定还表现在，孩子们的语言常常带有攻击性，经常出口伤人。应对这样的情景，对家长来说是个不小的挑战。最重要的一点是，此时我们需要保持稳定的情绪和冷静的头脑。如果我们也被孩子的情绪带动起来了，就会变成了情绪

的宣泄和情绪的交锋，只会互相伤害，不能解决问题。当孩子情绪激动时，家长就需要做情绪的稳定器，保持自身的稳定。无论愤怒还是悲伤，这些都是再自然不过的、作为人的基本情感，这些情绪会来，也会走。只有在安全的关系中这些感受被允许用言语表达出来，能够被理解和接纳时，才会减少情绪带来的负面影响，在这之后，孩子才能够把注意力放到问题解决上，而不是陷在情绪中。最后，良好的亲子关系是一切的基础。我们常常希望孩子们能够有抗挫折力，有足够的心理能量能够积极地面对困难，这样的心理能量来自哪里呢？答案是家庭。人与人的连接是生命中最重要的成分，我们只要知道有人在乎着关心着我们，即便是大风吹乱了我们的生活，我们可能会弯腰，但我们一定不会折断，这种源自家庭后方的底气才是能够支持孩子应对挑战、健康成长的力量。

北京汇文中学　张烨

调整角色，陪孩子一起出发

在孩子成长的不同阶段，家庭的功能需要不断调整，符合个体身心发展的自然规律，适应他们逐渐发展的新需求。在高一年级，家长们尤其应调整好自身角色，陪伴孩子一起出发，让孩子在三年里茁壮成长，顺利开启未来属于他们的灿烂人生。三年的高中生涯，父母对孩子的影响发挥着至关重要的作用，家长应不断自我提升，做孩子背后智慧的父母，和他们一起成长，彼此成就！

高中是每个孩子人生中最重要的三年，作为起点，高一学段显得尤为关键，将拉开他们全力拼搏的帷幕。不容忽视的是，孩子们背后的家庭也都随之紧张起来，"该为孩子做点什么，能为孩子做点什么"成了父母们共同思考的问题。

如果把孩子看作一棵正在成长中的小树，当他们还小时，父母就像辛勤的园丁，总要替他们遮风挡雨，频繁修剪。而高中则是他们最需要深扎根、努力长的时期，父母再像以往一样无微不至地呵护，只会让他们无力抵抗风雨。只有让孩子依靠自己的力量，把根深植于沃土之中，充分汲取营养，才能变得扎实稳固，才能迎接大自然的考验。

所以在孩子成长的不同阶段，家庭的功能需要不断调整，符合个体身心发展的自然规律，适应他们逐渐发展的新需求。在高一年级，家长们尤其应调整好自身角色，陪伴孩子一起出发，让孩子在三年里茁壮成长，顺利开启未来属于他们的灿烂人生。

不再大包大揽，做孩子的陪伴者

家长对孩子的照顾似乎是一种天职，从孩子出生来到家庭的那一刻起，父母的责任就是照顾他们的衣食住行、营造舒适的生活环境，孩子成长的每个环节都有家长参与的身影。虽然有时也会感到疲累，但更多时候，看到孩子一点一滴的成长变化，家长的内心还是会充满欣慰。

每天放学后，孩子们会主动分享学校里发生的事，兴高采烈地说说一天上了什么课，午餐好不好吃，老师同学之间有意思的事，今天心情好不好等。有时家长看到孩子明显兴致不高，询问孩子为什么不开心，他们也会毫无保留地说出自己的感受。这个时候亲子之间的沟通是顺畅的，孩子愿意敞开心扉，家长也能比较全面地了解孩子的学习生活和内心想法。

从小到大，家长们逐渐习惯了这种与孩子的相处方式，然而不知不觉中，孩子们的心理在慢慢发生变化。

进入高中后，家长最先直观感受到孩子和自己的距离忽然变远了，他们不再愿意分享自己的生活了。工作中，我们经常听到家长感慨：孩子放学后不再是第一时间回家，会在学校停留很久，和好朋友聊天，和同学打球；回到家后，孩子也更愿意抱着手机，不是聊天就是上网打游戏；有时候家长想问问孩子一天里发生了什么，多了解了解，有没有爸爸妈妈能帮上忙的，孩子们也不再像以前一样事无巨细地诉说，反而更多会直白地拒绝："没什么事""说了你也不懂，别问了"。

这样的变化，正是孩子们逐渐成长、走向独立的重要信号。每一位家长心里都清楚，总有一天孩子会慢慢长大，脱离原生家庭，长成独当一面的个体。其实，从孩子进入青春期开始，他们就已经迈出了远离家庭的脚步。

在家长眼里，高一年级的孩子也仅是刚走出初中校园的小少年，他们还很稚嫩，很多事还不会做，不懂怎么更好地与人交往，衣食住行都应该听父母的安排和指点。而从孩子身心成长的科学规律来看，青春期后期，他们关注的重点不是事件的客观对错、完美与否，而是自己内在世界的独立和个人存在感。他们特别需要一个属于自己的空间，更希望根据自己的理解去判断，用自己的经验来解决问题，去做那些自己认为对的、有意义的事。比如在网课期间我们就发现，高中生更不愿意主动打开摄像头，不是因为他们不喜欢网课或者要逃避课程，而是他们更在意自己的生活边界，不愿被打扰。所以，事事都想参与、仍想主宰孩子生活的家长，请退后一步，给孩子留出更广阔的发展空间。

同时，大包大揽地替孩子做决定也一定不是真正的教育。家长总想以过来人的身份替孩子制订计划，把已有的成果拿到孩子面前，甚至决定孩子未来学什么专业、做什么工作，其实是对孩子的剥夺。未来，当他们一个人面临困难时，缺少相关的成长经历会让他们不知道该如何应对，难以承受压力和挫折，变得胆怯、不自信。如果家长撤掉自己的一分力，让孩子主动增加一分力，放手让孩子自己面对各种生活选择，才能让他们慢慢看清自己的真实想法，实实在在体会成功与挫败，逐渐找到属于自己的目标与方向。

请做孩子的"陪伴者"，去倾听他们的想法，尊重他们的观点，即使不能完全理解和认同，也不要着急纠正或给出自己的建议，有时候默默地陪伴比再多的建议都更能给予孩子力量。

不只批评教育，更是孩子的信任者

中国式的家长不善于发现孩子的优势，孩子已有的优点和成就，会被默认为是本来就应该有的，不值得强调。我们的传统文化里，夸奖和赞美容易让人骄傲自满，把优点挂在嘴边是不踏实的表现。

家长常说的一句话是："现在说你是为你好，将来去了社会上没有人会包容你"。为了让孩子们具备更多的优点和能力，未来步入社会后有更强的竞争力，家长会更多地看到孩子不成熟、不完善的地方，把批评当作教育孩子的有效方式，把挑剔孩子的不足作为督促他们进步的手段。

这种方式的出发点是为了帮孩子，但过程中爱已经被误解。在孩子眼里，总是批评教育的家长似乎要把他们打造成完美的人，而自己似乎都是缺点没有优点，从家长的语气中他们感受到的是不满和嫌弃。

有家长提出过这样的困惑，"上了高中以后孩子总是偷偷买快递，不想让我知道，也从来不当着我的面拆开。其实我们家境还可以，我从不会因此批评他乱花钱，我就是担心他买没用的东西，或者被卖家骗了"。也许孩子能猜到家长的担心，也许以往家庭中曾多次出现这样的场景，孩子自己精心挑选后买了一样东西，还没来得及体验使用的乐趣，家长就说出"这样的材质质量不好，用几次就会坏""这个不适合你"等评价。

这正是孩子抵触的原因，所谓的担心最后往往以质疑和挑错的形式施加着伤害。

这些背后都透露着家长对孩子深深的不信任，不信任他们能依靠自己的力量做得很好。实际上，青春期是个体脑力与体力发育的高峰期，孩子们在高中阶段有巨大的潜能，在科学、有效的学习方法下能快速掌握大量技能。所以我们看到孩子一时的不成熟或者犯错，先不要把情况"糟糕化"，急于要求他们改正。任何时候都无须总抓着漏洞不放，透支孩子的能量。

请相信孩子有充分的潜力和能力。孩子大多时候能自己意识到哪里做得不好，请给他们一些时间，相信他们能慢慢找到正确的方向。如今孩子的生活环境和面临的挑战其实远比我们看到的要复杂，每一个孩子成长到今天都是努力的结果，都有自己的生活智慧。在此过程中，如果能更多看到孩子改进的力量、克服困难的决心和成长的空间，把否定的话语变成期待，将是对他们最大的信任与尊重。

家长也不要用成人的眼光和规则看待孩子的未知，总认为处于青春期的孩子有很多选择和判断非常青涩，如果有过来人的指导，一定可以少走弯路。殊不知这些以督促孩子进步为目的的批评教育，会把不信任传递到孩子身上，让他们不敢犯错，因为犯错父母就有机会教育自己，这让他们变得犹豫，大胆的想法也许要承受父母的喋喋不休。其实家长的期望不一定是孩子的理想，每个人也都有自己成长的路径，无论曲折或有遗憾，信任孩子自己的选择一定是最适合他们的方向。

您的信任也许不能让孩子一帆风顺，但能让他们不害怕失败，在挫折和探索中有力生长；您的信任也许不能把孩子塑造成理想中的顶尖人才，但能让他们敢于尝试，成为他们心中最向往的模样。

不唯成绩论，成为孩子的支持者

进入高中后，家长更加被孩子的成绩牵动，整个家庭的话题都会以学习和高考为中心，孩子的日常活动都以保证学习优先。尤其是高一年级，被家长们认为是打好高中基础的重要阶段，每一次小测、考试都非常看重，会投入更多精力和孩子一起总结知识点，分析成绩。即使是以往不常参与孩子学习的家长，也会想试着为孩子的学习出点力。然而这些真的都能帮孩子提升学业，真的是在给孩子支持吗？

许多家长会过度关注孩子的学业，特别是相比于初三年级，高一之后句句话离不开学习，只要与成绩和高考无关的活动都不支持孩子做。新冠疫情期间，家长反馈最多的问题就是孩子的学习，因为有机会和孩子一起居家，看到孩子居然有那么多不良学习习惯，一点也没有学习的紧张状态，倾诉中充满了抱怨和着急。有意思的是，这其中更多家长来自高一学生家庭。是高一的学生更不会学习吗？应该不是，通过选拔进入高中的孩子都有自己成熟的学习体系。这其实说明，在高中的起始阶段，家长们对成绩的过度关注，致使其在忙乱中找不到发力点。

　　每个孩子都有自己比较固定的学习习惯和特点，家长指导已经高一的孩子应该怎么听课、如何做笔记、怎样安排作业和复习就会显得很突兀。很多孩子的心里也充满了不理解，"我的学习有自己的考虑，父母的方法并不适合我""我才刚上高一，高考固然很重要，但是天天念叨个不停也没有帮助"。所以家长的角色一定不是孩子的家庭教师，家庭也不是孩子的第二学习教室。

　　实际上，家长最应该关注的不是成绩，而是孩子的心态。在教育工作中，我们发现高一学生最常遇到的困难是心理落差大。比如，有的孩子在初中一直是班级和学校的佼佼者，是老师和同学关注的对象，进入高中后，周围都是和自己水平相当甚至更优秀的同学，自己显得不再突出优秀，心中一定会有很强的落差感、失衡甚至焦虑。比如，有的孩子带着满心期待和信心来到高中，动力十足地投入到新课程和新知识中，经过一段时间高强度的学习和测验后，却没有收获预期的成绩，就会不由自主地怀疑自己的付出和学习能力，进而变得低落，不再尝试努力。教师能够为孩子提供专业的学习方法和技巧指导，但稳定孩子的心态，在他们最需要的时刻给予支持和鼓励，则是家长角色天生的优势。

　　家长能给孩子最有价值的礼物，是给予他们心理上的支持。我们能看到在很多家庭里，也许孩子的学习不是那么卓越超群，但整体状态非常令人欣赏。遇到困难时他们不会轻言放弃，面临压力总能找到缓解的方法，偶尔低落能够坦然面对，收到赞美也会大方地承认。在他们身上，生活的姿态总是张弛有度，舒展自如。

他们的背后，总有这样一对相似的父母：当孩子成功时他们喝彩，当孩子失落时他们安慰，孩子若要远航，他们静待归来。没有高深的教育技巧，只有当孩子需要时，带着平等和开放的态度，给予他们最真诚的回应。不必把爱倾覆泼洒在孩子身上，不用急于把自己一身的技能灌输给孩子，我们可以用自己的行动和示范，给孩子间接的影响，让他们看到、认同，然后默默向我们靠拢。这些看似朴实的方法也是对孩子潜移默化的支持，能最大程度给孩子的成长赋能，支撑他们向更远的方向前行。

作为家长，要拨开成绩的谜团，挖掘孩子内心深处真实的感受。不要带着自己的观点去评价，而是静下心来听听孩子对学习的理解，诉说成绩背后的努力与不甘，和他们一起回顾过程，让孩子既看到自己当下学业上的得失，也看到自己不断积蓄应对未来挑战的内在能量。当我们能够把学业上的起起伏伏看作生活中的片段，不拘泥于分数，感悟心理品质的提升，我们也就有了更长远、更有价值的收获。

高中三年，会以高考的形式检验孩子们的学业，而未来，他们还会迎接一个又一个没有卷面分值的人生挑战。那时，孩子们需要的不仅是课本上的知识，更是解决问题的综合能力，全面发展的素养能力，这些都离不开孩子在高中时期的积淀。在这三年里，父母对孩子的影响发挥着至关重要的作用，所以，从当下孩子步入高中开始，让我们不断自我提升，做孩子背后智慧的父母，和他们一起成长，彼此成就！

北京汇文中学　骆皓爽

浅谈家庭劳动教育与数学学习的相互作用

马克思指出："劳动创造了人本身。"劳动创建了现代文明的一切。数学思想方法指导劳动教育；家庭劳动促进数学学习；家庭劳动与数学学习相互影响。二者有其相似的思维内核，相互作用。应在劳动教育的大背景下，将家庭劳动与学科学习结合，发现其内涵，理解其相互关系，从而共同推进立德树人的实现。

2022 年《大中小学劳动教育指导纲要（试行）》中指出："将劳动教育纳入人才培养全过程，丰富、拓展劳动教育实施途径。""在学科专业中有机渗透劳动教育"是劳动教育的重要实施途径。党的十八大以来，党中央将劳动教育摆在国家战略发展全局的位置上，习近平总书记在多个重要会议上谈及要重视劳动教育。

广大中小学生从幼儿阶段开始对生活的探索，对每一项事物都极具好奇心，喜欢模仿大人去扫地、做饭等；在日常生活中，家长也会引导孩子去数数、识别形状、进行物品分类等。如何进行家庭劳动教育？劳动中需要分工、技能、创造性地解决问题等，与数学的思维、数学思想方法的培养有怎样的关系？

数学是人类文明发展的瑰宝，史宁中教授在《数学思想方法概论》中讲过一个故事，乌鸦能够识别的个体的数目，不超过 5 个，一旦超过 5 人进屋，乌鸦即不能识别，而人类在发明数字之前，亦是如此。当我们能把一头牛、一个苹果抽象出"1"，再通过阿拉伯数字的记法，将数字按照不同数位的规则记录下来，依照这样的数位方式，"12"就有了它隐含的"秘密"，正是由于对"数"的发明，让"数数"有了依托，学习数学的人可以识别的数目范围就大大提升了。正如无记名投票中常常借助画"正"字的方法，其中就蕴含大多数人能够一下识别的"5"，以及十进制计数的原则在内。

正是由于数学对人的思维的巨大推动，这门学科成为现代人出生之后就不断培养的基础学科。

高中阶段重要的数学思想方法包括分类讨论、数形结合、函数与方程、转化与化归等，回顾学生的成长历程，有关物品的分类、物品的排列、直观与抽象等，这些在幼儿时期即有所接触，无论是在游戏还是劳动中，都有这些思想方法的影子。

一、数学思想方法指导家庭劳动

学生从幼儿阶段就开始拥有属于自己的物品，比如玩具、文具、衣服等，孩子拥有这些物品的处置权，有意愿也有能力进行整理和清洁。正如蒙台梭利在《童年的秘密》中指出，当一个孩子在完成他/她的"工作"时，心里有自己的秩序，大人在旁不干预，你会惊叹于孩子的潜力。

当孩子在玩耍或整理物品时，一定会有这样的一个冲动，就是分类。比如观察一个孩子玩积木的过程，你会发现他/她时而按红色、黄色、蓝色等颜色分类，时而按方形、圆形等形状分类，时而从大到小排列，时而交叉间隔排列等。

在家庭大扫除中，孩子对自己的玩具、文具等进行整理，在不同的收纳盒中，他/她也许会按照体育器材、汽车、积木、本子、毛绒玩具等类别分装入盒；在整理衣服时，也许会按照内衣、外衣、夏装、冬装等进行分类。

还会遇到很多这样的时刻，比如和孩子商量家务劳动的选择，如果明天是晴天，我们就给小兔毛绒玩具洗个澡；如果明天下雨，我们就收拾玩具柜等。

这些行为的心理支持，其实是数学的重要思想方法——分类讨论。之所以进行分类的原因：一是物品较多，不能一眼看到；二是物品的功能不同，如果想要很便捷、快速地找到物品，进一步使用，我们就需要分类；三是未来情形不明确，需加以假设，这与数学中的分类讨论有相似之处，类似变量取不同常量时，进入解决问题的岔路口。

孩子在高年级开始学习等式、方程等数学对象时，如果在方程中含有表示数的字母，需要处理一类问题时，分类讨论的方法是必然的选择。比如"解关于 x 的方程 $ax=1$。"这一问题的解决显然取决于字母 a 的含义。如果 a 是实数，我们就需要分类讨论：当 $a=0$ 时，方程无解；当 $a\neq0$ 时，$x=1/a$。

分类讨论是十分重要的数学思想方法，无论在初等数学还是高等数学之中，都是逻辑推理的重要方法。家庭劳动蕴含着数学思想方法，而数学思想方法又潜移默化促进孩子的劳动发展。

二、家庭劳动促进数学学习

学生在家庭生活中能够进行简单的烹饪劳动，这不仅是劳动技能的培养，为家庭付出，承担劳动，也是家庭责任的体现，是立德树人的重要部分。当孩子准备独立完成一餐的准备时，他／她需要设计、清洗、备菜、煎炒、装盘等，考量具体事项的流程安排，是否合理、是否快捷等，这个过程就像一个项目，从开始到结束，统筹协调，发挥创意。

这样的劳动是人的基本的生活需求，能够自主做饭、煮熟食物、创造菜品、享受食物等。在这其中不仅有劳动的创造，更有美的欣赏，也有意志品质的锻炼，对家庭的责任等。以上品质对数学学习亦是促进，是思维的提升。

孩子在参与家庭的建设时，能够更多地表达意见，发挥创造力，尝试解决问题，对学习的促进也是不言而喻的。比如奶奶觉得厨房燃气热水器的管道连接处有点油腻不干净，但又不能清洁得很彻底，总有一些灰渣等粘在上面，就和孙女小红讨论要不要购买一个遮挡的圆环，安全又美观。小红想了几天，想到一个办法，她用硬纸壳就可以做到，而且不会损坏管道。她用尺规做图，画了一个中间有正六边形空洞的圆片，嵌入管道和墙壁之间，完美解决了奶奶的问题。

在这个小项目的实现中，需要选材的创意，需要能够解决问题的目标导向，需要借助几何知识画出草图，裁剪成型。孩子在劳动的过程中构建了解决问题的方法，是脑力劳动与体力劳动的结合，更获得数学应用的信心与经验。

北师大版《一年级数学》中，花园里种了许多花，两位同学分别走了两条路，请问哪位同学走的路较长？孩子们有实际劳动的经验，也有争论，数格子还是数边框？在校园的花圃内，孩子们用实地测量，数脚印、卷尺量、归纳横向和竖向的边框长度进行计算，理解了这一图形中的距离问题，也对自己的花圃有了更多了解。这也是在劳动实践中的获得。

家务劳动琐碎又不醒目，三日不扫则灰尘满地，因此每天必要的维护很重要，孩子承担自己的职责，需要及时优质地完成，有如此坚持力的孩子，也定能养成好的学习习惯。

三、家庭劳动与数学学习相互影响

家庭劳动与数学学习有十分多的相似之处，比如家里的门框掉下来的时候，孩子会想如何处理？家长可以与孩子一起分析讨论，是使用胶粘还是钉上钉子？是使用乳胶还是不干胶？

再如，图书放置的空间不够，如何整理出更多的空间？家里人的作息时间不同，如何协调？闲置物品如何再利用？

我们一起分析，一起尝试，一起优化，这不就是解决问题的方法吗？在数学学习中，我们太熟悉这样的事情，数学做得最多的事情就是解决问题啊。家庭劳动与数学学习相辅相成，互为补充，相互影响，仔细想想竟有如此多的类似之处。

在《高中数学必修四》中，教材设置了测量故宫角楼高度的问题，引导同学们实地勘探，动手实践，既引导孩子了解中国传统文化，故宫建造的历史，又能让他们使用朴素的测量工具，规划测量地点和方法，在大自然中学习，在劳动中学习，方案的选择、沟通、实践都是对人的身体和思想的锻炼。学习与劳动相辅相成。

马克思指出："劳动创造了人本身。"劳动创建了现代文明的一切。我们每天清晨起床，洗漱，擦拭屋子，清扫庭院，既是生活的必需，也是心灵的净化。在劳动教育的大背景下，将家庭劳动与学科学习相结合，发现其内涵，理解其相互关系，共同推进立德树人的实现。

参考文献

1. 史宁中. 数学思想概论（第1辑）：数量与数量关系的抽象 [M]. 东北师范大学出版社，2008.

2. [意] 玛丽亚·蒙台梭利. 童年的秘密 [M]. 中国长安出版社，2010.

3. 中华人民共和国教育部. 教育部关于印发《大中小学劳动教育指导纲要（试行）》的通知.

4. 张瑞贤. 初中数学教学融合劳动教育的策略 [J]. 山西教育，2022（9）.

5. 李新菊，沈建民. 中小学数学教学中渗透劳动教育的价值、原则与策略 [J]. 教学与管理，2022（8）.

北京市第二十中学　付莉

优势互补，协同育人

　　家庭是人生的第一所学校，好的家风、家教对青少年德智体美劳起到重要的启蒙和引导作用。而学校是育人最主要的场所，能够为青少年发展营造良好的学习环境，切实落实立德树人的根本任务。高一是学生发展关键期，要做好初中高中的平稳衔接，家长们可以尝试从观念上进行调整，从行动上进行转变，实现学校和家庭教育的优势互补，形成稳定的家校合作机制。

"天下之本在国，国之本在家"，自古以来中国就重视家庭、家教、家风的建设与传承，党的十八大以来习近平总书记多次强调家庭是人生的第一所学校，家长是孩子的第一任老师，要给孩子讲好"人生第一课"，帮助扣好人生第一粒扣子。近年来，随着《中华人民共和国家庭教育促进法》的颁布和《关于进一步减轻义务教育阶段学生作业负担和校外培训负担的意见》（以下简称"双减"）政策的落地，越来越多的家长开始逐渐意识到家庭教育对于学生发展的重要性，却苦于没有方法和指导。实际上不仅家长会感到困惑，目前学界也更多的是从学校和教师的视角去审视"家校共育"，例如号召学校设立开放日、建立共育机制、开设家长课堂等，仿佛家长在"家校共育"中更多的是被动配合和接受安排的角色，很少有人能清楚明白地站在父母的角度详细地指出家长该从哪些途径、用哪些方法和学校进行沟通与合作。尤其对于高一学生和家长来说，如何快速适应全新的学习环境、学习内容以及教学和管理风格，逐渐建立起与学校的信任和合作关系都是极其重要的任务与挑战。因此，作为基础教育一线的管理者我觉得有必要从多年的工作实践经验中归纳问题、思考对策，希望能够为高一学生家长提供一些实际可行的思路与抓手，充分发挥家庭教育的教育价值，变"学校单育"为"家校共育"。

一、重构观念，协同育人

从多年的教育管理和实践工作中可以发现，许多家长都将自己摆放在了"家校合作"的从属地位，主要由学校主导进行组织安排，家长主要是了解情况、积极配合并给予支持。然而，家庭教育实际上既是所有教育活动的发端，也肩负着终身伴随孩子成长的重任。家庭教育所具备的长时性和连续性，是学校教育所不具备的优势，而学校教育是一种系统规划和严格组织专门培养人的教育活动，又具备家庭教育所不具备的专业性和专一性。可以说，家庭教育是学生个性化发展的原生系统，而学校教育则是在国家、社会及个人发展要求下的教育次生系统。在学生的成长过程中，两种教育场域交织在一起，各自发挥着极其重要的作用。所以，家长要明确在育人活动中的主体地位，既不能抱有旁观者的心态，也不能走入消费者的误区，要变被动为主动，所谓的"家校共育"和"协同育人"不仅要家长和学校心往一处想，力往一处使，双方更要像拔河一样做到你来我往，例如结合学生的个性和共性问题以家委会形式参加班级管理、为学校政策制定献策献计等。

重构观念、明确家庭教育主体地位是实现家校共育的前提，而只有了解并认同学校的教育理念和育人目标才能真正做到力往一处使。立德树人是教育的根本任务，学校和家庭教育的一致目标是"育人"而不是"育分"。一直以来很多家长对智育成果过分关注，往往以分数作为学生发展、学校办学质量的唯一评价标准，这就造成了家校双方之间协同育人中的根本分歧和矛盾。许多家长只愿意参加和与学生分数相关的家长会、学术交流会，而对学生素质拓展有重要作用的运动会、科技节、文化节等活动则甚少参与。尤其是高一阶段，学生刚刚迈入新的学校、开启新的学段，家长迫切地希望学生能够快速进入到高中学习状态里，从孩子迈入高中的一刻就开始为学生高考分数而紧张，对学校组织的各类兴趣和拓展活动颇有微词。因此"双减"政策落地后很多家长会本能地感到恐慌，实际随着我国基础教育五育并举的格局和体系逐渐建立起来，我们早已从"育分"和"育才"走向了"育人"。家长们要相信各级各类学校能够妥善安排和落实教育教学环节，教师们也在不断提高道德修养，增进专业能力，为学生的全面发展起到重要的引导和支持作用。

二、学习参与，和谐共育

家长们来到学校和学校教师、管理者交流时有两个最关心和最普遍的问题"最近孩子在校表现怎么样？""最近孩子出现了学习、生活上的各类问题，作为家长我们应该怎么办？"当然也不乏一些"我们文化不高或者工作太忙，送到学校来希望学校能够多费心"的无奈感慨。家长们日常工作繁重、自己可支配的时间比较少，因此即使意识到家庭教育的重要性也很难长时间地进行系统学习和陪伴孩子。而高一的学生家长要面临的首要问题就是安稳度过初高中衔接的过渡期，从初中到高中是一个量变到质变的过程，学习的难度上升，节奏加快，对于能力培养的侧重点也和初中有很大的差别，并且高中也是学生在心理上建立起完善的自我同一性，实现自我认识的关键期。因此，为了做好初高中衔接家长可以从以下几方面入手：第一，帮助学生正确认识自我。很多孩子从初中进入高中时会面临很多困难和挫折，常会出现焦虑、畏惧等不良情绪反应，作为家长可以通过细致的观察和积极的沟通，拨云散雾地帮助学生分析问题背后的根源，帮助学生正确认识自己。例如，有些在初中成绩优异的孩子在刚刚进入高一学习后会有落差。可能是由于在初中没有养成良好的学习习惯，常常靠着"小聪明"和考前突击来提升成绩，而高中的知识逻辑安排更加严谨和紧密，所以孩子再套用初中的学习经验就会明显感觉力不从心。或者有些孩子性格比较"慢热"，不适应新环境和新老师，导致一时间不能适应高中的学习生活节奏。俗话说"知子莫若父"，家长要有意识地注意观察学生的情绪变化和学习习惯，抽出时间和孩子进行阶段性的对话，将孩子视为成人和朋友来一场平等的对话，结合孩子的性格特点给予针对性的引导和鼓励。第二，对学生进行积极引导和鼓励。高一的学生正处于自我同一性建立的过程，在这个阶段，他们在不断尝试认识自己和建立人生方向，同时由于他们尚未建立起完善的自我认知体系，所以格外注重别人对他们的评价，既渴望获得关注，又害怕自己在其他人的心目中存在负面的形象。所以换到新环境之后，很多孩子会本能地将自己的近况和初中时进行比较、将自己和其他人进行比较。因此作为家长，不能随意地拿"别人家的孩子"来做比较，否则不仅不能起到激励孩子的作用，反而会适得其反。对此可以从学生的优势和兴趣入手，鼓励学生发挥自己的优势特色，以此为基点鼓励学生正确认识自己的缺点和不足，在不断的尝试中调整自我和完善自我。第三，终身学习，积极参与。为了实现和谐共育，许多学校都组织了很多家校活动，例如学校开放日、家长学校、班主任讲堂以及各类教育专家讲座等，这些活动能够建立起家校沟通的桥梁，有效地指导并加强家庭教育的育人效果，所以家长们要积极参与这些活动，通过和老师及时沟通和反馈共享教育经验、学生现状，从而充分凝聚双方的教育资源和力量助力孩子健康成长。另外，虽然教师们也在尽可能地做到因材施教，但是教师和孩子的相处时间毕竟是有限的，家长是孩子最好的老师。良好的家庭氛围能够带给学生稳定的情绪特质、积极的心理暗示和奋发向前的勇气和底气，因此家长们也要抽出时间进行学习，可以采用亲子共读的形式陪伴孩子阅读，例如苏霍姆林斯基所著的《给父母的建议》、陈鹤琴撰写的《家庭教育》等书籍，了解孩子的心声与疑惑，倾听孩子对于和谐家庭关系的看法和诉求，用系统的教育学、心理学知识武装头脑，和学校教师一起实现和谐共育。

三、优势互补，助力成长

正如上文所说，家庭教育是学生原生的教育系统，具备学校教育所不具备的长时性、灵活性和个性化的特点，而学校教育则在专业化、专一性和社会化等方面更具有优势，因此双方应当共同分担育人责任，充分发挥二者的优势，做到优势互补。从本质上讲，家庭和学校是不同的教育场域，和学校教育具有时间和空间上的差异，因此有必要明确双方的责任与边界，共同肩负育人责任，从而更好地发挥双方的互补优势。

一方面，家长应明确自己在家校共育中的主体责任。作为合作共育的主体，学校和家庭是分工合作的平等关系，二者的职能侧重可以从时间和空间上划分。教师是学生在校期间内全面发展的引路人，在认真组织课程教学活动、班会活动之外，教师还要负责对学生在校表现进行记录和整理，并及时反馈给家长，而家长则应该在家庭场域中发挥更多的作用。例如，以身作则帮助学生建立起完善的人生观、价值观，指导孩子合理地利用课下的时间，根据教师的反馈和孩子及时进行沟通，帮助学生养成良好的学习和生活习惯。另一方面，家长要积极参与家校共育的各类活动。据了解，一些家长并不清楚自己如何参与到家校合作之中。由于学生在校时间相对较为紧张，同时要兼顾大多数学生全面发展的需求，因此在个性化和灵活性上略有欠缺，而这恰好是家庭教育的长处。因此，家长们可以以家委会的形式参与班级和学校事务管理，搜集学生在家中的表现，定期和教师进行沟通交流，充分发挥家长对学生个性、兴趣全面了解的优势，帮助教师有的放矢地进行因材施教和重点培养。另外，随着新一轮的课程改革，学生们的核心素养和综合素养提升越来越得到重视，而出于安全性、普适性等原因，学校所举办的实践活动相对来说形式和内容较为单一，家长可以根据学生的个人兴趣做好补充。尤其对于高一学生来说，学生要在高中阶段结束后进行专业方向和职业方向的选择，所以家长要帮助学生不断探索自己的兴趣和爱好，比如带对天文感兴趣的同学去天文馆进行观测并如实记录社会实践清单，或者有意识地在学校组织的社会实践中补充较为个性化的生涯规划和指导。

家庭是人生的第一所学校，好的家风、家教对青少年德智体美劳发展起到重要的启蒙和引导作用，而学校是育人最主要的场所，能够为青少年发展营造良好的学习环境，切实落实立德树人的根本任务。高一是学生发展关键期，要做好初中高中的平稳衔接，促进学生的全面发展离不开家庭和学校的紧密结合和共同努力。家长们可以尝试从观念上进行调整，从行动上进行转变，实现学校和家庭教育的优势互补，形成稳定的家校合作机制，共同助力学生的健康成长和终身发展。

北京第五实验学校　阮守华

孩子的成长成就好父母

在孩子的成长过程中，父母也在不断地自我提升和完善。在家庭教育中，父母应选择适合孩子的家庭参与模式，尊重孩子的成长规律，不放大孩子的问题，给孩子纠错的时间。此外，还要理解孩子，与孩子共情，鼓励孩子自己解决问题。孩子给了家长做父母的机会，家长应为孩子展翅高飞奠定基础。

在孩子的成长过程中，我们父母也在不断地自我提升和完善。我从初为人母的迷惘无知，到如今的平和释然，不是一朝一夕就能做到的。这期间夹杂有许多艰辛，但也有许多快乐。我想从以下几个方面分享一下家庭教育的心得体会。

第一，要选择适合孩子的家庭参与模式。最开始我想跟孩子的爸爸一同教育孩子，但因爸爸在孩子2—5岁期间外出学习，导致两人之间的亲密度不够，孩子对爸爸比较排斥，而爸爸也更急躁、严厉，对孩子的要求相对比较高。刚开始会出现爸爸训斥孩子，我责备爸爸的场面，多次之后，我意识到这种家庭混战的局面可能会让孩子无所适从，不利于其成长。思量过后，我决定采用以妈妈教育为主，爸爸为辅的方式。孩子的生活、学习主要由我来负责，爸爸主要做一些诸如接送、采买等工作。与爸爸交流之后，他很配合，相处不错。同时，我会定期跟孩子爸爸交流孩子的情况，让他适时了解孩子的近况。爸爸性格比较急，但我通常是报喜不报忧，这点正是减少亲子冲突的一种有效方式，也是对孩子的一种保护。如此这般，在孩子的家庭教育中，家庭氛围还是比较平和的，孩子的成长始终处于良性状态。近年，随着爸爸的脾气逐渐变得平和，孩子自主性逐渐提高，他们之间的交流和互动也越来越多。有时候当我和她爸爸出现矛盾时，孩子能够客观理性地进行分析帮我们调解。

第二，尊重孩子的成长规律。每个孩子的成熟时期不同，尤其是早期阶段差异明显，所以不将孩子与同龄人进行比较是对孩子的一种尊重。受家族遗传影响，我的孩子也较为晚熟。小学阶段她的阅读能力相比其他同学偏弱，老师还向我反映她读书太慢，不连贯，但我没有将她与别的孩子相比，而是告诉老师她比刚入学时，已有很大进步。老师认同我的观点，还在班上表扬了她。另一次，孩子回家说："有同学说我看的书太幼稚了。"我就对她说："你喜欢看那些书是因为你还保持着童心，童心是最可贵的，一旦失去，就再也回不来了。所以不要在意别人的看法，你喜欢看就看吧。"只要她喜欢，我都尽力支持。喜欢看绘本，我就带她看，给她买；喜欢看儿童文学、少年文艺，我就给她订。我们共同探索，一起讨论，一起听书，在读书的路上，她没有受到太多限制，反而越来越喜欢读书。正如樊登读书会创始人所言，所有的阅读都会走向经典。外国名著已经成为她的最爱，这个暑假，她计划完成《飘》的阅读。

第三，不放大孩子的问题，给孩子纠错的时间。孩子从小对图形敏感，对文字不敏感，经常会写错字、别字，常会求助于我，每次我都是有求必应，哪怕是非常简单的字，也不会表示不耐烦，或加一句"你怎么连这都不会"的评价，只是偶尔在她多次出错时提醒她注意。我坚信孩子总有一天会纠正所有的错字，不必急于一时。另外要提到的一件事是，初一起，孩子的作文还可以，做过几次范文，但到初二经常出现跑题的现象，似乎越想写好越写不好，这让她很苦恼。我便提出意见，指出她的行文还是不错的，内容也有一定的深度，但内容松散，建议她慢慢来，不要着急，多看看范文，相信自己。经过努力，进入初三，她的作文果然稳定住了。由于我不会对孩子的问题进行严厉的评判或指责，不向她传递负面情绪，孩子在我面前没有心理压力，很自然地在学习中遇到困难时会主动与我讨论，使我能及时了解她的学习情况，并给予一些指导和建议。孩子初中期间我们没有因为学习问题出现对抗等鸡飞狗跳的情形。

第四，理解孩子，与孩子共情。在这个多媒体的时代，手机是不能回避的问题。我们最初也有冲突，记得有一个周末，我和她爸爸都外出了，晚上回来发现她的作业还没有写完，原来是被手机吸引了，我狠狠责罚了她。但后来发现这种情况还是时有发生，责罚似乎根本解决不了问题。我自我反思，考虑到根本原因是孩子年龄太小，还没有足够的抵抗能力。成年人有时都难以抵抗手机的诱惑，更何况一个孩子？基于对孩子的理解，我决定不再因手机问题而责备她。我和她谈了手机的弊端，并表达了她对手机依恋的理解，她也向我表示其实她的内心是不愿意这样做的，只是控制不住。于是，我们共同列出了一些约定，比如限定时间、适当奖励、适时提醒，之后虽然偶尔也会有磕磕碰碰的时候，但基本上相安无事，没有出现你夺我抢的局面。如今，孩子的自制力增强了，手机已经不再是我们关注的焦点。进入初三，面临中考升学，作业量增多，成绩有时不稳定，这些都对她构成了无形的压力，有时考试期间还会出现紧张情绪。我理解孩子的状态，知道她已感受到了压力，有上进求好的渴望。因此，我陪伴她左右，对考得不好的科目，与她一起分析问题所在，寻求解决方法，在她需要的时候给予一些帮助。为了缓解她的压力，我也会适时帮她放松，比如抱抱她，和她聊聊有趣的事情。作为家长，让孩子感受到被理解和被支持会比唠叨、责备更能激发其潜在的动力。

第五，鼓励孩子自己解决问题，多与他人沟通。孩子想干什么，我基本不干涉，较少做评价。她喜欢画画，但在这方面我们是一窍不通，于是她自己找软件、找视频学习，并乐此不疲，也颇有长进。至于沟通交流，独生子女缺少与其他孩子亲密相处的机会，在学校与同学相处是很好的弥补方式。我支持她在课间多与同学交流互动，或者与同学一起到校园里转转，不要为了赶作业而错失这样的机会，因此尽管孩子经常要回家完成作业，但心情仍是很愉快的。此外，在周末、寒暑假她也常会约同学一起出去玩，我也努力创造让孩子们单独相处的机会。因此，在班级里，她越发主动与同学交流、请教，从同学们那里学到了不少知识和经验。另外，一直以来，我较少与老师沟通，一是怕打扰老师，不愿占用老师们的课余时间；二是想让孩子多主动与老师交流。孩子与老师们的关系一直相处不错，有问题会及时询问老师，在节日里还会给老师送上祝福，这都让我十分欣慰。

写到最后，我要感谢孩子给了我们做父母的机会，让我们得以体验到人世间丰富的情感。再过几年，孩子会进入大学，有自己的生活圈子，也会慢慢淡出我们的视线。我们会珍惜这几年朝夕相处的岁月，为她展翅高飞奠定好基础。

京源学校　严文榤妈妈

和孩子一起，走在路上

孩子从降生的那一刻起，就是在众多长辈爱的包围中长大的。作为父母的我们，也同样渴望成为好爸爸、好妈妈，我们经历了对他的溺爱、管教和严苛。在孩子的教育上，我们也一直徘徊于两种观念之间，是给孩子快乐的童年，还是给予他美好的未来。就这样，我们一直和孩子在探索的路上……

这个小生命从降生的那一刻起，就有十几双眼睛在注视着他，他是在众多长辈爱的包围中长大的。作为父母的我们，也同样渴望成为好爸爸、好妈妈，因此我们也同样经历了对他的溺爱，对他的管教，甚至对他的严苛。在孩子的教育上，我们也是一直徘徊于所有家长关注的两种观念之间，是给孩子快乐的童年，还是给予他美好的未来。就这样，我们和孩子一直在探索的路上……

呵护孩子理想的翅膀，陪他打开探索的大门

在大家庭长大的孩子的生活是充满了幸福的，每天都沉浸在快乐之中。但作为父母的我们很担心这个"小天使"在这样的环境下会变成"小霸王"，于是我们开始了对孩子的规范教育。记得有一次，在他五岁的时候，看到孩子在画画，那次是画蝴蝶，蝴蝶的翅膀歪七扭八，整张画纸乱七八糟，于是我找来一张绘画作品，让他认认真真地照着范图，一笔不差地画下来。在严厉的监督下，他终于画出了一只完美的蝴蝶。但就在那一刻，我突然看到孩子的眼眶里转动着泪水，我的心一颤，蝴蝶的翅膀是画好了，但孩子的翅膀就要被折断了。从那天开始，我们的家庭教育变成了共同成长，我们一起读《雾都孤儿》，领悟残酷社会中美好人性的可贵；一起看《千与千寻》，讨论如何做真实的最好的自己；一起逛画展，感受不同的艺术体验；一起去旅行，探索神秘的未知生活。我们就这样

度过了小学，虽然孩子还有很多不足之处，但我们也感受到了孩子的成长。他能够为自己喜欢做的事情克服一切困难，能够关心身边的人并热爱生活，能够很好地和自己相处，自学了篮球、口琴、陶笛、魔方、滑板，而且都玩得有模有样，同时也为身边人带来了许多欢乐和感动。

实现理想的路很简单，就是坚持

孩子进入了初中，从来没有上过辅导班的他，被突如其来的八门功课打了个措手不及，初一期中考试几乎是年级垫底。老师找到了我们，孩子也慌了神，我们没有责备他，而是问他有什么需要我们来做的。在一番探讨下，我们参加了课外辅导，又一次考试结果出来了，孩子更慌了，他主动找到我们，说："整个周末都在上课，可是成绩怎么还是这样差？"于是我们一起来到学校，跟班主任沟通，我们一起来找适合孩子的方式方法。我们退掉了辅导课程，使孩子明白最先要克服自己的惰性，想得到好的成绩，第一点就是提高课堂效率，然后是百分百完成老师的作业。孩子的成绩慢慢地有了进步，学习的自信心也提高了。有时孩子写完作业，还会给我们讲数学题，别看他做题的时候满腹牢骚，但是当了小老师，却兴致勃勃，图文并茂地努力把我们教明白。每天就这样坚持着，他累了，我们开导一下，再继续坚持。慢慢地，他的成绩改变了，也有了自己的学习节奏。孩子也明白了，学习是一个生命探索的过程，这个过程虽然坎坷，一路荆棘，而且总是经历着跌倒和爬起，但是当我们回首的时候，也是一种美妙。他相信，成功的路并不难走，难的只是坚持。

为了理想，不忘初心，砥砺前行

孩子中考了，他决定选择美术，很多人劝他艺考很严酷，竞争很激烈，而且以后专业可选性很少，就业前景不明朗。但孩子经过一番考察后，依然决定将美术作为他的人生方向，我们选择了支持他，就这样他考入了京源美术班。高中生活开始了，孩子经常兴高采烈地跟我们讲他的新生活，和老师第一次做版画的惊喜、与志同道合的伙伴们画画的默契、与篮球队队友挥汗如雨的快乐。我们看到他每天沉浸在不同的美术课程里，那么乐此不疲。记得暑假学校组织外景写生，回家后他就好像上了发条一样，滔滔不绝地讲述着这一天的经历："宋大师几笔就能勾勒出一幅精彩的小景，而且给我改画的时候，就加了几只飞鸟，意境就完全不一样了""我同学太牛了，看他的创意画，简直就是神来之笔"。他还拿着手机给我们看老师的画，同学的画，说得眉飞色舞。我们真的感觉到了，画画是他的真爱。有时他还憧憬考入大学的情景，我们从他的眼神里看到了光芒。正是那句话：心中有梦，眼里有光，脚下有路。我们看着孩子，知道未来虽然可期，但也充满了荆棘，我们默默地祝福他：无论脚下的路在何方，都不要忘记初心，坚定信念，过好平淡不平凡的每一天，生活的诗歌不仅在远方，还在我们触手可及的地方。有些路要一个人去走，有些困难要一个人去面对，有些风景要一个人去欣赏，但我们会一直在你的背后目送你远去……

京源学校　林彦坤家长

家校互信保教育恒温，有效陪伴促家庭成长

高三阶段既有学习压力带来的紧张感，也有在过去十几年中家庭教育积压问题引发的无力感；既有孩子距离梦想近在咫尺的兴奋感，也有家庭愿景整合冲突带来的分离感……高三是一个非常重要的学业冲刺阶段，也是一次解决既往亲子问题、重新凝练家庭力量、让孩子蓄力前行的绝佳机会，更是家校互信共促学生成长的重要时期。

高三阶段孩子生活的重心逐渐从家庭转向学校、社会等更广阔的天地，他们的人际关系重点也从亲子关系转向同伴关系、师生关系等更加复杂的社会关系，他们要努力完成一系列社会化成长，使自己成为一个适应社会、对社会有用的人才。

这个阶段既有学习压力带来的紧张感，也有在过去十几年中家庭教育积压问题引发的无力感；既有孩子距离梦想近在咫尺的兴奋感，也有家庭愿景整合冲突带来的分离感……总之，高三是一个非常重要的学业冲刺阶段，也是一次解决既往亲子问题、重新凝练家庭力量、让孩子蓄力前行的绝佳机会，更是家校互信共促学生成长的重要时期。

小凌成绩中等，最近心神不宁，情绪波动很大，因为在高三报考志愿的问题上和家长意见始终不统一。"你为什么就不考虑选择我们给你的建议呢？""学医怎么不好了？""看你以后到底能干什么？""你如果一意孤行，以后遇到困难，别回来找我们。你是不是想气死我们！"……放学路上、饭桌上，只要一涉及报考志愿的话题，因为话不投机，一家人往往会把天儿聊死。后来小凌坚决表示要抗争到底。

小尹的妈妈是位医术精湛的大夫，经常一天要完成多台外科手术，加班频繁，工作非常辛苦，她时不时也跟小尹抱怨从医的艰辛，但小尹妈妈一有时间就会和小尹一起伏案学习，孩子做作业，妈妈研究手术改进方案或是筹备研讨会资料。看着妈妈奋斗的样子，小尹也分外努力，高考如愿考取北京大学医学部。爸爸妈妈既心疼又欣慰，对女儿说："只要你做的都是自己喜欢做的事情，爸爸妈妈就支持你，现在这样也很好，我们还可以在专业上切磋交流。"

按照家庭发展和孩子成长的规律，在这个阶段，家庭内部充分整合力量，积极与学校分工合作，有效实施教育，是促进孩子身心健康发展的必由之路。小凌和小尹的家庭职业树既相似又不同，如何在这个短暂且重要的阶段，整合家庭内部意见，促进亲子沟通，有效实施家校协同，给孩子冲刺高考以助力呢？

家庭情绪稳下来，让孩子在稳定的内环境中去求学

遇到问题，先处理情绪，再处理问题。我们要控制好家庭情绪，让每一个人在其中都安全、舒适，让孩子在高三阶段有一个安全稳定的内环境，这是非常关键的保障措施。

当决策遭遇冲突时，家长还是要在教育过程中和家庭自身找原因去化解冲突。每一个家庭都有自己的职业圈，但是孩子是不是一定也会在这个圈子里去发展，我相信家长都明白这个问题的答案是不一定的。小凌的父母希望孩子在自己的职业圈里发展，可能有两方面因素在起作用。第一，孩子自身的自理自立能力不强，家长对孩子在未来的职业生活中开疆拓土的能力不够信任，担心孩子的未来。第二，家长自身没有安全感，对子女的教育不自信，最后选择强行干预式的"职业保

送"模式，对孩子未来发展不求飞黄腾达，但求四平八稳。其实在爱的名义下，也给孩子带来尊严的伤害！家长可以在小学阶段，与孩子初谈职业理想；中学阶段，我们要引导孩子调整职业理想并储备所需要的能力；中学毕业后，放手让孩子自己去认识、探索和适应真实的社会，尊重他，信任他，遇到问题陪他一起去面对和解决，让他有勇气有信心去选择、承担、历练、成长，结果往往会出乎我们的意料，这会是比较良性的培养路径。

亲子关系修复好，让孩子在无条件的爱中奋力成长

家长可以润物无声地渗透家庭对孩子的生涯期待。自孩子进入青春期后，就是一个独立性不断增强的过程，家长要有心理准备，慢慢适应孩子越来越渴望掌控自己世界的状态，孩子十八岁即将飞离家庭，我们必须和孩子保持良好的亲子沟通和亲子关系，尽量创造机会和孩子一起谈论关于人际相处、选课选考、填报志愿、择业择偶、社会时事等话题。比如，小凌的父母其实不用非要在最后报考志愿的时候去权威式地控制孩子，在成长的过程中、在生活话题里，您都可以融入为人处世的智慧、家庭未来发展的目标、父母对他殷切的期待、社会对人才的需求等有效的教育元素，在成长的过程中慢慢渗透的效果犹如小雨滋润大地，润物无声，效果显著。

孩子已经向着"准成人"的方向发展，父母也要尽快适

应他们的突飞猛进，学习与孩子保持"安全距离"，做一个积极的陪伴者。在这个阶段，好的家庭关系胜过万千说教，它有助于提升家庭成员间沟通的效率，增进情感，缓解冲突，使家庭成员获得成长的助力。大多数的家庭对孩子的成长发展都有一个预期，这对孩子的发展至关重要。家庭对孩子成长的期待就像航灯一样指引着孩子的发展，他们会受到来自家庭成员、家族亲友的期待的影响来抉择自己未来的学业、事业乃至生活的方向。如何做适合自己的选择，成为人生赢家是需要家庭成员共同探究的重要课题。

家校协同且互信，让孩子在真正的支持中迎难而上

当孩子在小学阶段的时候，他们的世界主要就是家庭和学校两个圈子，家长和老师对孩子的掌控力是比较自信的；到了中学阶段，孩子的世界变得自主、丰富和多元，家庭和学校依然是两个主要的圈子，但占比明显减小，同窗、趣友、学伴、发小，甚至在家庭和学校接触不到的同伴交往的时空中，扩展出来的新圈子，都见证着孩子的成长，同时也增加了教育的难度，所以在这个阶段，我特别建议家长要充分实现家校互信，确保孩子教育生态环境的安全与恒温。

家校互信需要家庭教育与学校教育在目标设定上要保持高度的一致。首先，合作理念要一致。家校应该是持续的、平等的、有弹性的工作联盟。家庭和学校要分工合作，各司其职，

提升孩子的生活能力和学习能力。其次，合作认知要一致。无论孩子选择哪条发展路径，总有更多的出口等待着他，转弯、掉头、前进、停歇、调整再起航，这其实就是真实的成长状态。信任学校、尊重孩子是我们提倡的家长榜样。再次，未来愿景要一致。每个孩子都不仅仅属于家庭，更不属于学校，他们都是社会的财产，家校都要建立更加宏观的培养理念。全面发展的本质就是关注孩子的全面、长远、可持续发展。

有效陪伴共成长，让孩子在尊重和信任中丰盈能量

家庭决策的过程本身，是孩子能力提升和家庭成长的契机。在案例中，家长从字里行间可以看出，小凌非常胆小、软弱，父母强势而有资源优势，生活中很多时候对于父母的安排可能是听之任之，没有表达自己意愿的机会和空间，所以，这次的反抗也显得那么激烈；而小尹则是在安全、开放、平等的家庭环境中成长，积极乐观，追求自己的选择，不惧辛劳有所追求，父母的支持是真实、有温度的，也是她需要的。这个过程其实并不是孩子选择了哪一个专业的问题，而是对孩子的性格、气质、问题解决的方式都会产生能量的积累或消耗，这本身也是一个家庭教育和家庭成长的机遇。

家庭发展愿景能给孩子内心植入强大的成长力量。那么，什么是家庭愿景？简单回答几个问题大家就明白了：你希望家庭中的成员之间保持一种什么样的关系？家庭物质生活水平要

怎样逐步提高？你希望自己成为什么样的职业人？你希望子女以后是什么生活状态？你希望子女以后如何与另一半相处？全家人认为人生真正重要的是什么？……当家长给了孩子安全、温暖的示范，孩子成长就会延续家庭的路径去发展，可能与家同行，也可能殊途同归。

未来是属于孩子的，孩子的人生要让他自己去选择。新家庭教育是平衡和谐的教育。美国心理学家鲍姆林特的研究认为，权威型的家庭教育对孩子既理解尊重又严格要求，最有利于孩子成长。培养孩子的主动性和自制力比替孩子做决定，更加体现家庭教育的能量和力量。

爱孩子，就要教会孩子去选择；爱孩子，就要尊重孩子的选择；爱孩子，就要和他一起去面对他选择的未来。中国的家庭里，孩子一直占有非常高的关注度，父母为孩子做所有的事情都是心甘情愿且无怨无悔的。随着时代的发展，物质生活水平的改善，孩子们从出生就衣食无忧，对自由、平等、尊重、个性化等精神需求越来越高。当物质的充足供给和精神世界的个性化需求缺失出现较大落差的时候，人际沟通出现问题、亲子关系出现裂痕就成了必然。有人说"家庭中有一种暴力叫作我都是为你好"，这句话有着深切的爱，更蕴藏着剥夺的、轻视的、令人痛苦的控制感。现在中国有很多的家庭，在早期教育阶段对孩子的物质生活保障充足，但是对孩子精神家园的营建投入不够。当孩子并不满足于丰富的物质生活的时候，父母不太能够接纳自己的辛苦打拼却换来孩子的冷言对抗，进而在孩子渴望独立的成长道路上，不自觉地充当了阻碍者。爱孩子的方式有很多种，但培养孩子自身的能力不可或缺。当一个有安全感、有自信的孩子想做一件事情的时候，他心中是有蓝图的，所以尽我们所能，挤出时间陪伴孩子成长，给他安全感和温暖，引导和鼓励孩子说出自己的想法，带着孩子参加各类活动，积极勇敢地迎接生活的各种挑战，都是我们家庭教育可以实施的有效途径。父母是需要陪伴孩子一起成长的，要耐心、平静、去掉工作中的角色，和孩子一起面对生活的挑战，坦然地和孩子一起去成长。古往今来，父母对子女的爱，真挚而感人，但在生活教育现场，时常也会出现不尽如人意的画面。经验不足、需求多样的当下，要与学校有效协同，寻找到教育的着力点和有效方法。家庭和学校作为高三孩子成长环境中的两股重要力量，配合默契，相互信任、相互提醒、多维沟通、深度合作，定能为国家和社会培育出国之栋梁！

每一个高三孩子都自带蓬勃的成长能量，每一个高三家庭都自备丰厚的养分积淀，积极关注每一个可持续成长的过程状态，与学校协同优化每一个关键节点的成长细节，把控好每一次看似随意的亲子沟通，让家校像大地一样宽厚包容、托举孩子成长！

北京汇文中学　岳丽

家校同教，用心培养

　　"人活在世，必须做事"是每个人的立身之道，生存之本。做事先做人才能把握大方向，识正道，才不会误入歧途。这是在孩子幼儿时期就要影响渗透的，青少年阶段必须培养建立的。教育孩子，每个阶段有每个阶段的沟通方法。初中三年，对于孩子的人生，是非常关键的时期。怎样正确地引导孩子树立正确的世界观、人生观、价值观，是奠定她未来人生的基础。

作为一名"70后"父亲，我的童年是在接受着传统教育与新中国改革开放带来新思想并存的年代中度过的。

回忆起我被放养的童年时光，那个年代大多数的家庭教育是长幼有序，讲规矩；好好学习，别淘气。我儿时对父母的印象就是：学好了吃肉（家里还未必有），学不好挨揍。对邻家孩子挨揍时家里鸡飞狗跳的噪声习以为常，心有余悸地庆幸挨揍的不是自己。

一晃数十年，自己也成了一名家长。随着孩子进入幼儿园，我的思想也在积极转变，比起我的父母，我更多了一些对于教育的思考：家庭教育怎样配合未来学校的教育，怎样将传统教育的优势与现代教育的新意相结合，让孩子在高速发展的生活、学习、工作中勇敢地面对呢？

"人活在世，必须做事"是每个人的立身之道，生存之本。做事先做人才能把握大方向，识正道，才不会误入歧途。我认为这是在孩子幼儿时期就要影响渗透的，青少年阶段必须培养建立的。

中国的传统教育是国人最好的教科书。李雅琪在幼儿园期间，家人就经常跟她说一些"百善孝为先""家和万事兴"等一些她可能听不懂的大道理。这是一种价值观的传达，只有正确地输入，才有可能得到正确的输出。另外就是家庭环境对孩子的耳濡目染，我对我的父母尊重、孝顺、讲究规矩。周末带着孩子看望老人，一大家子聚在一起，其乐融融。我和孩子妈妈对于父母家里的活儿都干、父母的话都听，不顶嘴、不闹脾气，无形中对孩子也是一种影响。孩子所在幼儿园马路两侧经常有一些流动商贩，贩卖一些吸引幼儿眼球的劣质小玩具，孩子从幼儿园出来也会认真地看着花里胡哨的小玩意，听商贩们花言巧语的推荐，满眼渴望地看着接她回家的奶奶。奶奶说："这个东西质量太次，咱们不买好不好？"她会说"好的"，且不再恋恋不舍。从来不会又哭又闹，撒泼打滚。事情虽小但充分体现了传统家庭教育带来的积极影响：对长辈、对家人的尊重与信任。

在李雅琪就读京源学校小学部的时候，学校也会经常组织一些传统教育的活动，并且能够与家长沟通，指导家长配合学校做好对孩子的教育。作为家长就会有意识地引导孩子：诚实有信，遵纪守法；举止稳重，与人为善；勤学苦练，有礼有节，并起到了很好的效果。在学习上，孩子虽然有时候脑子转得不是很快，但是对待学习非常认真。孩子对待学习、对待学校任务的那种精神，我是既欣慰又心疼。但我也明白家长对孩子的心疼不能转化为对孩子积极行为的劝阻，家长的妥协助长孩子的懒惰，孩子勇往直前的路上需要父母呐喊助威！

转眼六年过去了，曾经的乖乖女来到了中学。初中遇到新的老师，新的同学，新增的学科，新增的课外活动，让孩子一时难以适应，这时更需要家长培养孩子适应新环境、新阶段的能力。我会告诉孩子："虽然我们所处的年代不同，但新环境、新阶段是每个人成长的必经之路，成长的重要标志，是新的机遇，是调整自己学习与生活方式的信号，积极面对就能尽快适应新的学习环境，尽快融入新的群体。在不经意中你就会平和下来，在新环境中找到了自己。"

我们还没仔细体会孩子上初中后的生活，就逐渐感受到了她前所未有的转变——有了自己的想法，有了自己的小圈子，有了自己的小脾气，会对家长表达拒绝，让我们感受到她与我们的距离感。这些变化是惊人的也是可喜的，说明她长大了。

教育孩子，每个阶段有每个阶段的沟通方法。我已经意识到单纯的说教，无法达成对孩子的教育效果。初中三年，对于孩子的人生，是非常关键的时期。怎样正确地引导孩子树立正确的世界观、人生观、价值观，是奠定她未来人生的基础。

孩子上初中后积极参与学校组织的各种社会课堂活动、博物馆课程，我作为家长志愿者也参与其中，有机会更多地了解初中生的世界。听听他们都在聊些什么，对什么事物感兴趣。虽然很难参与他们的讨论，但是对他们聊天的内容不再陌生，自然就更容易接纳孩子。我很感谢学校能够在教育孩子的同时为家长提供家校共育的方向和指导。为了让孩子健康快乐地成长，更好地学习并掌握知识，更好地学会与人交往、合作，培养孩子的自信心和责任感，为将来步入社会打下一个良好的基础，就必须形成家校的紧密联系，也需要家长经常与班主任、各科老师及同龄人沟通后及时积极反思、更新自己的教育理念和方法、改变原有的亲子沟通方式。感受到孩子的进步，真心地给予肯定和鼓励。孩子遇到挫折，给予安慰但绝不放纵，也不责罚。

单靠老师或家长的哪一方都无法全面地了解孩子、指导孩子。作为家长，更应该关注孩子课堂之外的生活。孩子从小学就喜欢画画，做手工，于是我们周末经常开车带孩子来到郊野，一起动手支上帐篷，支好烧烤炉，架好鱼竿。孩子烤串，大人钓鱼，一边休闲一边写生。在给她带来快乐的同时，增进了父女之间的感情。

新冠疫情期间，孩子曾居家学习，我居家办公，这样的生活进一步增加了我与孩子相互了解的时间。我还记得，生物老师给孩子们布置的作业：请动手能力强的同学积极参与制作"呼吸时膈肌变化"演示模型。李雅琪对此很有兴趣并积极参与，因为没有做两肺演示的合适材料，在经历了几次失败后，孩子问我："爸爸，没有合适的三通怎么办？"我想来想去找来较厚的木板，带着女儿在家里干起了木工活。边思考边动手，边交流边尝试，我们顺利地制作了一个实木的三通，完美地完成了生物作业。看着兴趣盎然的女儿，我们再接再厉又制作了小木屋，一起手工制作砚台，一起在阳台种菜养花，在居家学习的紧张气氛下创造了我们父女间的欢乐。在我与女儿相互陪伴中，我感受到她热情的青春，潜移默化中也让孩子了解了父亲面对生活的乐观态度，把家长的说教转化为与孩子的互动，大大减少了孩子青春期的叛逆及带给家长的焦虑和烦恼。

在孩子成长的过程中，家长也在不断地学习，不断地成长。家校同教带来了孩子正确的价值认同，稳步前进的学习成绩，乐观向上的生活态度，遇到不会或者理解不透彻的题，会积极地请教老师，与同学一起讨论，跟家长交流。孩子们还利用微信群和腾讯会议，自发地组成了学习小组进行学习上的互帮互助，促进了相互交往和学习能力的提升。我最欣喜的是孩子的德育方面，虽然无法量化地评价一个学生的品德，但是在孩子成长的十五年中，孩子为人谦和善良，思想积极向上，关心国内外大事，并与家长进行讨论。孩子回到家很少聊学校的事，但从孩子口中我听到过她对老师们和同学们的认可；她守规矩，在此基础上做着一切她喜欢做的事情，无关这件事带来的利益，不被物质和赞美左右。努力地以她小小的身躯积蓄更大的能量。这是孩子面对未来生活更需要的心态和精神！

写这篇文章的过程是我感受亲子共同成长、努力进行自我反思的过程。我被孩子的成长深深地感动着、激励着，这或许就是我们为人父母最值得满足的感觉。因为孩子的努力，我也不会松懈，看着她奋力前行，我会让她感受到她的老爸永远与她并肩前行。

京源学校　李雅琪爸爸

稳定支持，陪伴成长

初三对于每一名同学与每一位家长来说都是充实而又紧张的一年，同学们需要用一年的时间对整个初中的知识进行系统的总结复习，迎接人生当中第一次关键性的考试。而在这段旅程中，良好的亲子关系是孩子奋力向前的最好助力。父母应知己知彼，在了解的基础上理解孩子；学会放手，尊重孩子自主性的发展；以身作则，行胜于言；善用闲暇，张弛有度。

时光荏苒，不知不觉已到初中生活的收官之年。初三对于每一名同学与每一位家长来说都是充实而又紧张的一年，同学们需要用一年的时间对整个初中的知识进行系统的总结复习，迎接人生当中第一次关键性的考试。而在这段旅程中，良好的亲子关系是孩子奋力向前的最好助力。几乎每位父母都抱着"我要和孩子搞好亲子关系"的美好愿望与孩子相处，但在相处过程中，常常因为不得法，事与愿违。我想我们这一代的父母是愿意学习并且善于学习的，在这个资讯异常发达的时代，搜索我们如何做父母，你会得到各种各样的科学建议。但即使这样，在养育孩子的过程中，我们仍会遇到诸多挑战，今天我想和各位家长聊聊我在三十多年从教经历中的观察与反思，供父母们参考。

知己知彼，在了解的基础上理解孩子

孩子的成长有阶段性，每个阶段都有自己的特点。初三的孩子，还处在青春期，自我意识正在飞速发展。孩子开始对真正的自我产生兴趣，希望脱离父母的掌控，渴望对生活的绝对控制感。在这个阶段，如果感受到孩子的"叛逆""不服管"，其实都是非常正常的现象，符合他们心理发展的现阶段特点。

在工作中，常常会听到父母说："我那个时候怎么怎么样，现在他怎么就变成这样了呢。"导致这种"不一样"的原因其实有很多，尤其是随着信息产业的飞速发展，现在的孩子基本上

都是网络原住民，从出生开始就和手机、电脑相伴成长，或许他们很多重要的朋友待在网络当中。因此我们要"穿上孩子的鞋子"，尝试站在孩子的角度去理解他。当子女觉得自己被父母理解的时候，他便能够从亲子关系中感受到源源不断的温暖与支持，自然更愿意与父母交流，遇到困难也更愿意向父母求助。

学会放手，尊重孩子自主性的发展

在初三阶段，孩子对自主性的需求愈加强烈，什么事情都想自己做主。这个时候，家长应该顺势而为，尊重他们自主性发展的需要。根据自我决定理论，自主是每个人最基本的心理需要之一，对个体自立品格的发展有着重要的作用。

很多父母，在这个阶段，总想尽自己所能，为孩子做得更多。但"为孩子做得更多"其实是父母自己的需要，并非孩子的需要。其实，初三的大部分孩子，他们已经很有自己的想法，父母在这个阶段适当做"减法"，做好充足的"后勤保障"，提供"稳定的情感支持"即可。家长如果大包大揽，替孩子做决定，很有可能适得其反，也得不到孩子的理解。敢于对孩子放手，也是为人父母要修炼的课题。

希望家长朋友们不要做"直升机式的家长"，要做"自主支持型的父母"。尊重孩子的自主性可以从与孩子平等地对话开始。例如交什么朋友、看什么书、未来想上什么学校等，我们都可以尝试和孩子平等地交流，听听他们自己的想法，思考一下他们为什么会有这样的想法，尊重并理解孩子的表达。同时，家长应该借此培养孩子的责任感，告诉孩子："你是可以选择的，但是你要学会为自己的选择负责。"

以身作则，行胜于言

最好的教育不是说出来的，而是做出来的。有一种说法：如果你想让孩子和你差不多优秀，你就做自己即可，如果你想让孩子比自己更优秀，你就让自己成为优秀的演员，时刻扮演"更优秀"的自己。如果你想让孩子主动认真学习，你自己就应该也是一直在认真工作或学习的状态，如果你想让孩子迎难而上，先想一想自己在生活中遇到困难的表现。任何时候，身教都大于言传。

因此，如果你希望孩子在初三阶段情绪稳定，我们首先要学会调整好自己的情绪。焦虑的父母大概率会养育出焦虑的子女。如果父母的情绪状态不稳定，那么给孩子的陪伴也不可能是高质量和健康的。父母情绪稳定，可以为孩子提供足够的安全感。

家长的重要使命是在孩子受挫时能稳稳地托住孩子。初三的学习，孩子不可避免地会遇到各种困难，家长无条件地关爱与支持可以给予孩子面对困难的勇气和爬起来再战的魄力。

善用闲暇，张弛有度

1926 年高凤山先生来到北京汇文中学执掌学校，结合当时教育理论发展和汇文中学育人目标，提出了"全人教育"办学思想，涵盖内容非常全面，着眼点也精准独到，在当时的中国是极具先进性的。其主要内容为：增进身体健康，涵养审美情感，培植职业技能，预备升学基础，练习善用闲暇，学做良好公民，养成高尚品格。其中练习善用闲暇这一点，是非常超前的教育理念。苏联卓越的教育家和思想家苏霍姆林斯基曾提出：学生创造力的培养，取决于他能自主掌握的时间有多少。现在孩子们有机会上各种"班"，一方面确实是物质条件好了，家长有能力为孩子创造更好的学习条件，但另一方面，过于充实的各种"安排"，也限制了孩子发挥自身创造力。如果想培养出更有创造力的孩子，我希望家长们有更高的格局和更远的眼光，多给孩子一些"闲暇"时间，陪伴孩子"练习善用闲暇"。

有了闲暇，也要培养健康的体魄。清华大学有一句脍炙人口的口号：为祖国健康工作五十年。体育运动不仅能提升个体的抵抗力，还能调整情绪、提高专注力，绝对是不可多得的绿色成长促进剂。希望各位家长能够从自己做起，带动孩子，培养良好的运动习惯。

最后，祝愿您的孩子能够收获美满的初中生活，中考取得优异的成绩。

北京汇文中学　方清

相互信任，是家庭教育的基石

在物质相对充裕的今天，人们更加需要精神上的自由，相互信任就是我们彼此之间释放自由的最好的也是最简单的方式。良好的家庭氛围一定是家庭成员彼此之间充满了信任，缺乏信任的家庭，亲人之间的爱至少是不完美的。无论面临什么样的现状，都应该无条件地信任家人，因为家庭成员之间的相互信任，是家庭和谐的基础，是家庭教育的基石。

先讲一段三国里的故事。孙权的哥哥孙策在开创江东霸业的时候遇到了太史慈，太史慈骁勇善战，与孙策杀得难解难分。后来，孙策用计降伏了太史慈，太史慈提出要去收拾刘繇的残兵作为觐见礼，并约定第二天中午率兵来降。孙策手下诸将都不相信，唯有孙策坚信太史慈"乃信义之士，必不背我"，并与诸将立竿于营门以证其言。"恰将日中，太史慈引一千余众到寨。孙策大喜。众皆服策之知人。"看来，年轻的孙策能在乱世中统一江东，靠的绝不仅仅是武力。

　　纵览中国历史，凡成大事者，都有恢宏气度，能将全部的信任付诸于人。

　　很早以前，曾看过一篇文章，讲的是作者在爱尔兰生活的故事。在爱尔兰坐火车，买票靠自觉，登车的时候没有人验票，这让习惯于登车有人检票，登车后还有乘务员查票的作者因此而感慨。我没有到过爱尔兰，但我相信作者的叙述真实可信。暑假回老家，在超市里购物时总感觉有人跟着我，刚开始以为是错觉，后来发现确实是有营业员一直在偷偷观察、防备，这种感觉很不舒服，这与我们在一些超市里完全自由的购物体验不一样。

　　高一某班有位女生隔三岔五地请病假不来上课，即使上课也整天昏昏沉沉，心思根本不在学习上。班主任反馈来的信息是这位女生与母亲关系非常紧张，她经常夜不归宿在网吧里一玩就是一个通宵，家长管不了。女生说不想回家，问她为什么不想回家，她支支吾吾地总是不正面回答，班主任只好把家长请过来询问。不问不打紧，一问吓一跳。女生的妈妈为了更好地控制孩子，居然在孩子的卧室安装了监控摄像头。失去了相互信任的亲子关系很可怕，这对母女之间已经蜕变成警察与小偷的关系，在这个女生看来，虚拟世界里的陌生人带给她的安全感远远超过母亲。

我们先从经济学的角度来分析一下这些故事里的得失。孙策因为信任太史慈，不但收获了一员大将，还得到了一千兵源。爱尔兰铁路运营商因为信任，节约了检票员的人工成本，同时还给乘客留下了良好的乘车体验，产生了额外的经济价值和社会价值。我老家超市因为不信任，增加了营业员的人工成本，恶化了顾客的消费感受，减少了潜在消费人群，对持续经营不利。初三家长因为不信任，直接导致了亲子关系恶化，损失巨大，难以估量。

渴望自由不仅仅是孩子的天性，也是成年人的天性，信任在很大程度上就意味着自由。古今中外，限制自由都是很严厉的惩罚手段，没有人愿意在缺乏信任的环境下工作和生活，因为每个人都需要足够的空间来掌控自己。

信任他人是自信的最好表现形式，更是个人良好素质的基本体现。对任何人，应以"诚和善"先入为主，没有足够的铁证不要轻易怀疑对方的诚信和善良，这应该成为现代文明人的标配。在家庭教育中，无条件地信任孩子，更是家长应尽的责任，因为这是建设和谐家庭氛围之必需，更是建立顺畅的亲子沟通渠道的前提。如果亲子之间连沟通都存在障碍，则很难对家庭教育的效果有乐观预期。

　　这个世界复杂多变，什么人都有，我们在工作和生活中什么人都会碰到，有好人，也有坏人，更多的则是没有标签的普通人，有的时候好，有的时候坏，有人说他好，有人说他坏，你我极有可能也是这样的普通人。不要苛求别人与自己有一样的想法和做法，更不能因为别人的想法或者做法与自己不一样而怀疑对方的诚意或者态度。我相信绝大多数人都想把事情做好，让自己的工作或者生活更有质量更有效率，但由于每个人先天自带的基因和后天的成长环境千差万别，不一样是正常的。用欣赏的眼光看待这些不一样，可以让我们自己更显优雅和大气，信任将水到渠成。孩子终有一天会长大，长大之后他要独自面对纷繁复杂的世界和各式各样的人，从小得不到父母信任的孩子，将对任何人任何事都心怀戒备。也许，这份戒备之心可以在一定程度上避免一些损失，但长此以往，他很难获得别人的信任，因为信任是相互的，它就像作用力与反作用力一样，同步同幅。一个对世界充满怀疑的人，不可能得到别人充分的信任，他的工作和生活必将一团糟。衡量生活质量高低的重要标准之一是心理上的安全感，安全感强的人自然能时时感觉到生活很幸福；反之，则容易处于恐惧中。每个人都向往和追求幸福，却不知道幸福其实很简单，它完全取决于你的心态。信任家人，信任同学，信任朋友，信任同事，这些暂时的付出都会得到同等的回报，当你生活在一个充满信任的环境中的时候，你心理上的安全感会非常强，因为你什么都不用担心，哪怕是出现一些工作或生活中的意外，也有足够强的支撑能够抵御或者化解这些意外。

努力营造一种彼此信任的家庭氛围是家庭中成年人的主要责任，作为未成年的孩子，尽管他会有各种各样强势的表现，但在家庭关系中他的角色是被动的，是由父母设定的，但在现实生活中作为"编剧"的父母们未必知情。

在物质相对充裕的今天，人们更加需要精神上的自由，相互信任就是我们彼此之间释放自由的最好的也是最简单的方式。在家庭生活中因相互猜忌而带来的伤害，不仅仅影响亲子关系，还严重影响到人们的情绪，在心理上形成巨大的压力，长此以往就会出现精神病态，这应该是现代人亚健康状态的主因，也是部分家庭亲子关系紧张的主因。良好的家庭氛围一定是家庭成员彼此之间充满了信任，缺乏信任的家庭，亲人之间的爱至少是不完美的。处于青春期的中学生，会表现出各种"叛逆"，这些表现是这个年龄的孩子成长的问路石，是他们了解和理解这个世界的一种独特的方式，作为家长或者教师，不应简单地批判，更不能粗暴地制止，而应审时度势、因势利导，既要理解他们的某些反常表现，又要不厌其烦地将他们带入到正确的轨道中来。这个过程会很困难，也存在着一定的失败风险，但如果硬来，失败的风险更大。所以，需要很大的耐心。

信任不是放纵。每个人在成长的过程中都会遇到各种各样的困难，应对这些困难对每个孩子都是巨大的考验。他的应对方式多数是从父母、老师或者其他成年人那里模仿来的，有对也有错，对的地方需要父母多加鼓励以巩固，错的地方需要父母耐心矫正。如何矫正孩子的错误，对父母来说是很大的考验。态度和方法都非常重要，而态度更为重要。每个孩子在成长的过程中总会不断地给父母带来惊喜，因为孩子在长大，认知水平和能力水平都在不断地提高，这就意味着他能处理越来越复杂的事情，父母需要对孩子的这种递变有相应的调整，牵着的线应该越来越长，掌控的力度应该越来越小。事实上，很多年轻的父母对此没有足够的认识。

选择以什么样的心态和方式对待人和事，是每个人的自由，但每种选择都会产生相应的结果，如果这种结果总是会伤害到我们自己，聪明的做法不是怨天尤人，而是诚恳地自我反思，并及时做出调整。有的人固执得可怕，家庭生活的不和谐、亲子关系紧张、工作中处处受制等都无法让他做出调整，这种人很可悲。"害人之心不可有，防人之心不可无"，指的是防该防的人，不是防自己的孩子。无论面临什么样的现状，基于什么样的考虑，无条件地信任家人都值得我们一试，因为家庭成员之间的相互信任，是家庭和谐的基础，是家庭教育的基石。

北京一零一中学石油分校　万锡茂

养成良好学习习惯

——让孩子跟"粗心"说拜拜

"粗心"是日常生活中的常见现象，会发生在各个年龄段，其中在中小学生的学业领域中表现会更加明显。为了解决孩子粗心的问题，家长可以采取接纳孩子不同的气质类型，用多种方式提升孩子专注力，有意识地增强感觉统合能力，加强基础概念和方法的落实，积极的心理暗示等方式。这样的话，孩子的粗心问题将会得到有效解决。

一、案例介绍

小冬是初一年级学生，运动能力一般，学习成绩中上游。刚开学他的妈妈就来到学校咨询室抱怨孩子的学习问题："我家孩子挺聪明的，就是粗心，比如把"+"看成"−"，把"−"看成"÷"，把简单计算题算错，漏答题目，等等；孩子上课应该是能听懂的，但是一写作业，就会马虎，有时候老师读完一道题目，孩子很快就能把思路说出来，但是一落实到卷面上，就会出现丢三落四，审题出错的问题；孩子平时做事情也是毛毛躁躁的，丢三落四，常常会忘记带课本或者学习文具，经常还会搞丢自己的笔、尺子、橡皮等。"

二、原因分析

"粗心"是日常生活中的常见现象，会发生在各个年龄段，其中在中小学生的学业领域中表现会更加明显。一般情况下，粗心在中小学生学业上的表现主要有：（1）看题审题阶段，包括看错题目、漏看内容、错误领会题目用意等；（2）答题书写阶段，包括抄错写错、计算失误、答题不规范、回答不准确等。上述粗心表现常常伴随着其他多种学业的不良习惯。但是，我们需要看到的是，粗心其实是表层的结果表现，而不是背后的深层次原因。造成孩子粗心的因素其实有很多，既有自身气质、性格、学习风格的个性化因素，也有思维发展水平和感统协调能力的生理因素，还有生活习惯、学习习惯等后天养成性因素及身心状态等暂时性因素。在不同孩子身上，这些因素所占的比例也会不同，因此干预建议也就不尽相同。

三、启明信

亲爱的家长：

我们在孩子身上经常会发现一些粗心的毛病，为此我们苦口婆心地说教甚至大发雷霆进行训斥，但似乎收效甚微。孩子粗心的背后究竟掩藏着什么问题？这些问题的解决需要我们家长配合做哪些工作？这里给出如下建议：

（一）接纳孩子不同的气质类型

人的气质类型分为四种：胆汁质、多血质、黏液质、抑郁质。气质本无好坏之分，我们只需要在后天养育中给予更多的尊重和顺势引导。一般而言，多血质和胆汁质的孩子比黏液质和抑郁质的孩子粗心的情况要多，他们做事偏冲动急躁，急于求成，因此对这样的孩子我们要多一分理解和宽容。对其气质中的优势部分要及时肯定，比如对多血质孩子要创造机会让他们表现自我、经常赞赏和鼓励、不要过多限制和严苛要求、要给予适当监督。

（二）多种方式提升孩子专注力

粗心跟专注力关系密切。专注力差的孩子，很容易受到外部环境干扰，影响视知觉信息在大脑中的有效传递。审题的时候走神了，大脑去想别的事情了，都会让孩子出错。如果在解题过程中，全程注意力都很高，孩子一定会少犯很多错。因此，在学习和生活中，家长要有意识地培养孩子专注做事的能力，营造有助于专注的物理环境，减少干扰物出现，比如把手机放在远离书桌的客厅、把桌面学习资料有序整理好；家长也不要总是在一旁干预，比如送水果、送水等，应该给孩子营造自主解决问题、自主承担责任的空间；鼓励孩子专注于手头的事情，完成并仔细检查后，再去做另一件事情。

（三）有意识地增强感觉统合能力

我们会发现有的孩子把6认成9，把9写成6，或者把个位数和十位数错位相加，对位不齐，还有的孩子脑子里算出来正确答案但是手写出来的却是另一个错误答案，这些都和孩子的感觉统合能力，或者视知觉能力协调有关系。不同的感觉通路（视觉、听觉等）从环境中获得信息输入大脑，大脑整合并做出适应性反应，简称"感统"。但是如果孩子的感统能力有限或者弱于同龄孩子，就容易出现所谓的"粗心"现象。而感统能力，尤其是视知觉协调能力的提升，需要后天更多的有意识训练。家长可以引导孩子多跳绳、走马路牙子，或者设计一些家庭游戏式的体育锻炼，增强孩子的平衡协调能力和视知觉协调力。

（四）加强基础概念和方法的落实

有些"粗心"表现的背后其实是基础概念的欠缺。有些孩子觉得自己都懂了、都会了，但其实在具体知识点的掌握上凌乱无序、在方法点的理解上一知半解，并没有形成扎实、完整的知识结构。如果不及时复习，这些零星知识很快就会忘记，在作业和考试中就会出现各种漏洞。这就需要家长帮助引导孩子养成回归基础的好习惯，这个基础不光包括深度掌握基础知识，还包括一些特别基础的学习习惯，比如"好记性不如烂笔头""及时复习预习""试着去复述或者讲解"，在对基础概念的书写、反复练习、复述讲解的过程中，可以及时查找到知识掌握的漏洞，并形成知识树。

（五）积极的心理暗示

很多家长和孩子都会把"粗心"当成一个犯错的借口或者挡箭牌，出错或者考不好的时候，就会自我安慰一下，"我又粗心了，不然就……""粗心"就这样成了一个沉重的壳，孩子背负着它，甩也甩不掉，成为亲子冲突中的导火索，成为摧毁孩子自信的大石头。其实我们可以尝试使用积极的语言和思维方式来重新建构"粗心"。当孩子又忘记标单位时，把"你也太粗心了，又丢三落四了"换成"加上这个单位，这个题目答得更漂亮了"；当教了好多遍加法孩子还是不会，把"你怎么这么笨，教了这么多遍还是不会"换成"你不笨，这道题的确需要我们多做几遍"。不同的解读会带给孩子不同的暗示，积极暗示会让孩子看到问题解决的希望，体会到自我价值感。

北京市第二十中学　谢庆红

做智慧父母，帮孩子交好朋友

青春期的同伴交往十分重要，往往有受同伴影响越来越大、交友范围缩小等特点。为了更好地引导孩子的同伴交往，家长们可以调整心态，接纳孩子与自己渐渐疏离；了解孩子的交往模式，用和孩子交朋友的方式影响孩子；全面了解孩子的朋友，不武断评价；帮助孩子应对同伴压力。此外，家长应帮助孩子建立做人的底线，做事的边界，从而有意识地培养孩子独立生活的能力。

朋友在微信上咨询我，说自己十四岁的儿子不愿意跟她说话。妈妈说："每次孩子下课或者放学，我都很努力地让他看到妈妈对他很感兴趣，会问他这一天过得怎么样，每节课学了什么。"但得到的回答通常都是两个字："还行""没事""是啊""没有"。运气好会得到三个字"不知道"，运气不好会得到"你烦不烦"。朋友跟我说，她真的很沮丧，以前儿子很喜欢跟她聊天的，现在怎么会变成这样？

孩子们喜欢与同学朋友们聊天和游戏，家长们感觉很困惑：孩子跟父母越来越无话可说，跟同学朋友怎么就有说不完的话呢？

其实，这是孩子进入青春期一个典型的变化，说明孩子一天天长大了。

青春期同伴交往的特点

1. 受同伴影响越来越大。

进入青春期后，孩子的重要人际关系由亲子关系向同伴关系转化。中学生的同伴关系不再像小学时候是单纯的玩伴，而变成一种稳定的依赖关系。出现这种现象的原因除了和同伴相处的时间增加之外，还有就是同伴之间更容易彼此理解，交流沟通更加深入。孩子遇到问题更倾向于寻求同伴的建议和帮助，不再像小时候寻求家长的帮助。他们非常在乎同龄人的看法，受同伴的影响越来越大。

2. 交友范围缩小。

进入青春期以后，孩子需要有一个能倾吐烦恼、交流思想并能保守秘密的地方，用更多的时间与朋友深入交流，彼此支持。中学生的同伴交往由七八个人的团体过渡到两三个人的亲密朋友模式。父母不难发现，孩子上了初中之后往往会长时间通过打电话或者发微信的方式和朋友聊天，或者总是和一两个好朋友打球等。这一阶段朋友之间的关系十分密切，所建立起的友谊相对稳定持久。

青春期的孩子，建立和发展良好的同伴关系，有利于他们的心智成熟和情绪稳定。有了朋友，他们会表现得更热情、更积极、更富有信心和勇气，更好地发展各种社会性能力。

正因为同伴关系变得这么重要，有的家长就会担心：孩子会不会在人际关系上浪费太多时间？孩子不小心交了坏朋友怎么办？他的同龄人毕竟还是不成熟的，会不会因为哥们儿义气犯下大错误等。这些担心焦虑，都是在所难免的，但是，如果家长因此就采用强制手段干预孩子和朋友接触，不仅不利于培养孩子的人际交往能力，还可能影响亲子间的感情。

怎样引导孩子的同伴交往？

家长们可以参考以下建议：

1. 调整心态，接纳孩子与自己渐渐疏离。

在孩子童年时期，父母对孩子的影响力是非常大的。但是进入青春期后，孩子开始在意同龄人对他的看法了，比如，家长带着孩子去买鞋或者衣服，买的时候他没说什么，但是穿了两次他就不爱穿了，因为同学认为不好看。有的家长发现了这些现象，心里会有些失落，这其实是孩子成长的表现，反映出孩子对平等人际关系的向往。这种时候，父母应用平等的态度和孩子交流。

2. 了解孩子的交往模式，用和孩子交朋友的方式影响孩子。

男孩和女孩的交往模式有一些差异，女生的友情从分享秘密开始。分享心事意味着绝对信任，她们更在乎精神上的理解和情感上的支持。男生看重同伴义气，更在乎遇到问题时同伴间无条件相助。家长可以利用这些特点，用类似同伴交流的方式跟孩子沟通。妈妈跟女儿分享自己的经验，过往的秘密；爸爸跟儿子在体育运动、户外探险中体验勇敢和担当。

3. 全面了解孩子的朋友，不武断评价。

当孩子有了新朋友的时候，家长可以建议孩子把朋友邀请到家里做客，父母在热情招待的同时，也可以仔细观察和了解孩子的朋友们。有些家长发现孩子选择的朋友有一些坏习惯，会非常着急地制止孩子，有时会引起孩子的反感，产生一些反效果。

发生这种情况时，建议家长不要急于阻止孩子交往，可以先问问孩子为什么和他交朋友，他欣赏这个朋友身上哪些品质？了解孩子对这个朋友的评价是什么样子的，他对朋友身上的不良行为是怎么认识的。如果孩子非常清楚，家长只要肯定孩子的看法和适当提点就行。

如果家长发现孩子的朋友品行不端时，就要态度坚决，晓之利害，及时制止了。并分析孩子的交友动机，看到孩子内心未被满足的需要。

无论哪种情况，家长处理时都要注意方式。不要急于否定孩子的朋友，武断贴标签，要详细了解，在肯定优点的基础上，说出自己的担心，提出看法、建议，引导孩子认识到同伴不良行为的危害。

4.帮助孩子应对同伴压力。

父母控制性越高，孩子就越容易被同伴压力所影响。有些父母会担心孩子屈从于同伴压力做错事。

这时候，父母首先要反思自己是否对孩子控制过多。如果父母过度强调自己的看法，要求孩子事事服从，久而久之，孩子就容易被他人的观点所左右，被同伴压力所裹挟。因此，家长在日常交流中，要允许孩子表达自己的想法，坚持己见，给他们参与决策的机会。

其次，家长要帮助孩子建立做人的底线，做事的边界，不盲从，超越自己底线的事坚决不做；要教给孩子拒绝的技巧，语气、态度要坚定，给出说"不"的恰当理由，有些事即便失去友谊也决不妥协。

亲子关系的变化过程也是父母和子女分离的过程，家长要有意识地培养孩子独立生活的能力，要一点点放手，让他们早日学会独自飞翔。

北京市东直门中学　李洪晶

做智慧父母，为培养孩子自主学习习惯赋能

作为父母，在培养孩子自主学习习惯的过程中，我们要与孩子共同制定目标，请他们主动参与"成长的决定和过程"；在解决问题时，帮助他们明确"自由"和"自律"的关系，让他们明白"自由是一个逐步放手的过程，他能负多大的责任，就有多大的自由"；且任何时候原则问题不妥协，习惯培养要长期执行，要形成习惯。

"双减"政策实施以来，孩子们的课后作业和校外学科培训减少了，课外自主支配的时间多了，有些家长松了一口气，也有些父母反而更焦虑，担心作业减少、课外班减少对孩子的学习会有影响。学校是教育的主阵地，放学后、周末和假期，这个主阵地自然地转移到家庭，"孩子在家有效进行自主学习效率低"成了当前家庭教育亟待解决的问题，"不谈学习母慈子孝，一谈学习鸡飞狗跳"，可以看到有些家庭因为"谈学习"引发一系列亲子矛盾，甚至影响到家庭整体氛围。

我们知道，"双减"的实质，既是为了减轻学生学业负担和家庭的经济负担，更是为了构建良好的教育生态，落实立德树人的根本任务，促进孩子全面发展、健康成长。作为父母，如何在"双减"中明确自己的责任，有效陪伴、引导孩子自主进行家庭学习，养成良好的学习习惯，为孩子全面发展赋能，是目前家庭教育需要深入思考的问题。

一、走近"鸡飞狗跳"背后的孩子

近期，有一则"关于孩子在家学习时产生的亲子矛盾Top10"的视频短片在网络上热度非常高，其原因是引发了不少家长与孩子的共鸣。在"辅导作业、家庭自主学习"鸡飞狗跳的氛围下，除了父母的愤怒和崩溃，另一个当事人——"孩子"感受如何？让我们一起通过以下"亲子角色交换体验"的意象对话来体会一下孩子的感受吧。

意象对话内容：

现在请大家和我一起闭上眼睛，深呼吸、调整一个你最舒服的姿势放松。忘记你现在的身份和所处环境，现在我们一起穿越时光隧道，回到大约25年前，现在的你是一名小学五年级的学生。当你结束了一天的学习，开开心心地回到家里，放下沉重的书包，坐在沙发上，看着茶几上新鲜可口的水果，刚准备拿起来咬一大口，然后兴致勃勃地和妈妈讲述今天学校里发生的趣事。

"你怎么还不去学习？又在这里磨蹭！隔壁小明每天放下书包就去做作业了，你什么时候能和别人家孩子一样？"

你在心里叹了一口气，皱起眉头往书房走去，开始复习巩固今天的知识。在数学学习中，你遇到一点困难，想向爸爸求助。

"这么简单你都不会，我在你这么大的时候每次数学考试都得满分，你肯定在课堂上又没有认真听讲！唉！"

在爸爸不耐烦的讲解下，你依然似懂非懂，但没有勇气再问。此刻，你感觉到，学习真是一件让人烦恼的事情，你也开始思考"我是不是太笨了"。这时你听到书房外的爸爸妈妈因为家庭琐事争吵不休，争吵声中还伴着奶奶陪弟弟看动画片的声音。但是，你还是得不情愿地继续完成其他学科的学习。

各位家长，本次时光之旅即将结束，请大家睁开眼睛，回到我们的活动中。

家校共育篇

111

在刚刚的"穿越体验"中，大家感受如何？

在"意象对话"中，您是否感受到了"紧张、害怕、不知所措、焦虑、无助"？其实这正是孩子在"鸡飞狗跳"的家庭氛围中所遭受的心理和精神伤害，长期处于紧张、焦虑的状态下会对孩子未来的成长有很大影响：长期的语言暴力会改变孩子的大脑，影响他们的智力；亲子之间未建立有效联结，教育无法实施和起效；对孩子造成的心理伤害无法弥补，甚至会影响孩子的性格形成及人际交往。

二、"鸡飞狗跳"的原因

知己知彼才能百战不殆。要想从根本上解决这个问题，帮助孩子养成良好的自主学习习惯，我们要客观、科学地分析背后深层次的问题。

从父母方面看，有些父母在自主学习习惯的培养和过程的干预中缺少行之有效的方法；或父母工作、生活压力大，情绪控制不好，缺乏亲子沟通的技巧；或父母缺少换位思考，没有"把儿童当作儿童"的意识；此外，更多的父母对孩子的教育没有长期、系统的规划，比如孩子教育的长期目标、中期目标、短期目标的设定；且部分家庭缺乏和谐、有安全感的家庭人际关系；有些家庭未营造有利于自主学习的家庭氛围（特别是非独生子女家庭），很多孩子反馈在学习时缺少安静的环境，如低龄的弟弟妹妹或家里其他成员产生干扰；且很多家长的情绪管理及自我反思能力有待提升。

从孩子方面来看，孩子在家自主学习效率低主要存在两大问题：一是能力问题；二是态度问题。能力问题我们都能够理解，并愿意去帮助孩子；然而，态度问题是让大多数父母无法忍受的，这也是造成"鸡飞狗跳"的罪魁祸首。其实从人类能力结构来分析，某些看似"态度问题"实际上也是"能力问题"，为什么会造成学习态度不好？首先是孩子的自驱能力较弱，即自主性和自控性较差，比如：学习动机和成就动机不强、学习兴趣和好奇心有待提升；心理控制行为的程度不够、抵制诱惑的坚持力较弱。其次是孩子的行为能力有待提升，如注意力、记忆力、想象力、观察力、思维力、专注力这样的"一般行为能力"较弱。

当我们明确了所有干扰孩子自主学习效率低的原因都是能力问题，父母内心的焦虑和愤怒也会随之减少。既然是能力出现问题，作为父母，我们则需要通过专业有效的方法来帮助孩子培养此方面的能力。

三、做智慧父母，科学从容育儿

锦囊一：优化家庭学习的外部空间环境

首先从家庭的物理空间入手，营造适合学习的氛围。我们知道教室环境中没有过多装饰品，视觉内容简单，课桌上，通常只放当堂课的学科材料和文具，无其他杂物，这样简单的环境有利于孩子专注学习和深度思考。家里的书桌边通常有随手可得的玩具、卡通明星海报、果盘、零食等，这样的环境容易造成动作和思维的放缓、注意力的分散、机体趋向休息。

1. 调整家中学习的空间环境来帮助孩子提升专注度。

（1）简洁布置学习空间。

把孩子学习时视线所及范围布置得尽可能简单、无干扰。桌上摆放很多书籍、作业本，最好不放其他物品；可以放一个水杯。这样有助于培养孩子自主学习时专注的习惯。

（2）制订学习计划和评价表。

可以与孩子共同制订计划，将每周的学习内容、时间安排、进程计划、自我评价等内容自行设计，张贴出来；然后在上面呈现作业完成的过程性记录，完成一项可以打一个钩，拆分学习任务过程，引起可视化评价。也可以将需要、易错的公式、概念、单词写在板子上，帮助孩子逐步形成自主学习的习惯。

（3）摆放时间管理的小物件。

时间的拆分和管理是影响孩子自主学习效率的重要因素，通过设置闹钟，定时、限时完成任务，让孩子对时间有概念，从而提高效率，同时还有助于促成孩子积极的自我暗示。

2. 营造和谐安静的家庭氛围来帮助孩子提升专注度。

（1）建立和谐的家庭人际关系。

给予孩子信任、安全感，正视孩子成长的需求。人只有内心平静、安宁才会高质量地完成其他事情。相信孩子，在孩子自主学习期间，家长还要克服自己的主观猜忌。在面向孩子的调查问卷结果反馈中，很多孩子提到反感的是家长对自己的不信任，总以各种事由来偷偷观察是否在认真学习。家长"偷看"得越多，孩子学习的注意力越难集中。我们需要把更多的注意力放在自主习惯的培养过程中。此外，正视孩子成长的需求。调研中还显示，孩子在家学习效率低，还有一种隐藏原因，那就是他们认为除了完成校内的课后学习任务，还需要完成家长布置的额外任务。索性磨蹭至很晚，这样就不用完成额外学习了，反正我也没时间玩。这个问题需要由家长进行把控和调整，在孩子成长的过程中，我们需要客观科学地认识孩子成长的需求，比如：玩耍、放松、运动、劳动、与同伴交往的需求。且学习任务并不是越多越好，学习的效果也不是靠刷题和做大量的作业来提高的。

（2）营造安静和谐的家庭学习氛围。

为孩子营造安静和谐的家庭学习氛围，如家庭阅读、亲子共同学习等。尽量不要孩子在一边安静地学习，家人大声聊天甚至吵闹。美国前总统布什的夫人在教育儿童方面有一套独特的方法：家庭阅读活动。关于家庭阅读，布什夫人强调了一个关键点：要多陪伴孩子读书，最好每天有个固定时间。所以家庭学习氛围至关重要，孩子学习时，父母在一边安静阅读或者认真工作，这是对孩子内心环境最好的优化。

锦囊二：优化孩子自主学习的内部心理环境

解决了外部环境的问题，继而从孩子在校学习和在家学习的心理状态展开分析。在校学习时，有老师的指导和同伴的互动，想偷懒的时候还会有老师的督促，有班集体学习氛围的影响，所以在校学习既有动力也有压力。在家自主学习就不同了，累了，休息；渴了，喝水；时而站起来走动，时而还想玩玩手机；遇到难题更容易出现逃避心理，或者就想到网上去搜答案。行动上的磨蹭和心理上的回避，降低了自主学习的效率。

1.强化课后学习的动机。

在制订学习计划时，要与孩子共同商讨，在"学业进步计划目标"的制订中得到孩子的认同才有助于计划的顺利执行。

同时，要让孩子明白课后复习巩固和预习的重要性，要通过晓之以理动之以情的方式让孩子明白课后学习并非是完成老师布置的任务，课后学习的目的是要检验自己的学习效果，巩固已知，进行查漏补缺。同时，要让孩子明白认真努力完成学业任务是本阶段作为学生的责任，由此来培养孩子的责任意识。

2.培养自主学习的习惯。

（1）学习时间管理。

与孩子商议，设定15—20分钟为一次学习时间段，这段时间内不做任何与学习无关的事情。不随意走动、玩耍，尽量不以喝水、吃水果等事为由停下来。家长也不要在这段时间里打断孩子。20分钟后，休息10分钟，这个时间可以放松一下。劳逸结合是对时间管理的最好体现。

（2）配备工具书。

遇到学习难点，先自己思考，可以通过工具书（如字典、语法书、概念手册等）进行查阅。通过使用工具书，孩子不仅可以进一步理解概念，解决问题，还可以养成良好的自学习惯。孩子在遇到难题时，不要放手让孩子上网查阅。网上查到的只能是答案，而不是思维和过程。

（3）搭建学习的梯子。

调整顺序：先复习后完成任务、先简单后复杂。很多孩子在家学习，并没有计划，而是拿起题目就做。大脑缺少对知识的记忆、加工、建构的环节，运用时自然会遇到困难。我们需要引导孩子先复习，再去完成学习任务。或在进行某科学习的过程中，应先处理简单问题，后进行综合运用，这样学习的梯度就搭建起来了。

优化选择：选择适合的难度完成。反复操练简单重复的知识不利于孩子能力的提高，且容易失去学习兴趣。而超出孩子能力的学习任务又容易产生挫败感。所以要鼓励孩子主动根据自己的情况选择合适的分层学习任务，可主动与老师进行沟通调整。

（4）建立"我能行"的自信，鼓励"独立完成"及"自主解决"。

鼓励孩子在家自主学习要独立思考，必要时可以请求家长指导，但不是家长给出正确答案。也可以将没有解决出来的问题做好标记（包括自己思考到了什么程度、解决到了哪一步），第二天到学校与同学或老师交流，在思维互动中寻找解决途径。

"催促、吼叫、抱怨、训斥"改变不了孩子在家学习效率低的现实情况。作为父母，我们要从原因出发，反思家庭氛围的营造、自主学习习惯的培养等方面的问题，然后去寻找有针对性的方法和策略，就能在一定程度上解决这一问题。同时，我们更要明白，自主学习的培养并非仅关注学业质量和分数，"目标与计划意识、自我管理、自治自律、遇到问题百折不挠"这些品质会影响孩子全面及终生发展。

作为父母，在培养孩子自主学习习惯的过程中，我们要与孩子共同制定目标，请他们主动参与"成长的决定和过程"；在解决问题时，帮助他们明确"自由"和"自律"的关系，让他们明白"自由是一个逐步放手的过程，他能负多大的责任，就有多大的自由"；且任何时候原则问题不妥协，习惯培养要长期执行，要形成习惯。这些方法说起来容易，但家长坚持做起来并不容易。所以想要孩子有改变，家长更需要有持之以恒的行动。

日复一日，年复一年，言传身教，不急不躁，成为智慧的父母，为培养孩子自主学习习惯赋能，孩子在您的陪伴和支持下也一定会养成自律、自觉的好习惯。

　　　　　　北京外国语大学附属外国语学校　李文霞

做智慧父母，以多重角色陪伴孩子全面发展

任何一个优秀的孩子，都不是横空出世的奇迹，而是有迹可循的成果。父母、家庭则是孩子的根，只有根深根壮了，孩子这枚果实才会更饱满。为人父母，在孩子成长的路上，需要以不同的角色，比如心灵掌灯人、阅读陪伴者、习惯的塑造者、运动的好队友等，从而给予孩子陪伴和引导，赋予温暖和能量，这样孩子才会更有力量在未来的世界里乘风破浪，一路向上。

习近平总书记曾在讲话中指出："家庭是人生的第一所学校，家长是孩子的第一任老师，要给孩子讲好'人生第一课'，帮助扣好人生第一粒扣子。"家庭教育是教育体系的根基，作为父母，我们不仅是孩子成长路上的养育者，更要做他们教育路上的领路人，要因时制宜、因势而导，以适切的角色、科学的方法来帮助孩子、成就孩子。

一、成为孩子的心灵掌灯人

陪伴的本质是一种教育，没有陪伴，父母就不可能读懂孩子的内心，更不用说引领孩子健康成长。父母要做高质量的陪伴者，陪伴的温暖和力量可以成为点亮孩子内心的一束光。我们对孩子的"管"需要在充分观察、了解、研读孩子身心需求的基础上，再以适切的教育方法进行引导，才有可能取得理想的效果。

面对孩子成长中复杂多样的问题，作为父母，需要学会自我反思和终身成长。陪伴的意义不是利用每一分钟去陪伴孩子，"用心"陪伴而不仅只是"用力"陪伴。"用心"陪伴需要我们享受陪孩子的每一分钟，倾听孩子的心声；需要我们与孩子进行心灵的双向交互，而非父母单向施加于孩子；需要我们有敏感的心和善于观察的眼睛，及时看到孩子的努力和内心的需求；需要我们注重孩子努力的过程大于注重其结果；需要我们多鼓励孩子，认可他们的努力，且父母鼓励的语言要具体、要有正确积极的导向性，因为鼓励、认可、支持的力量可以让孩子感受到被爱，建立起内心的安全感，使他们更阳光、更健康、更温暖、更有力量！融洽和谐的亲子关系会为孩子的内心建立起坚固的城池营垒，也会成为他们探索未知世界道路上的一束光！

二、成为孩子的阅读陪伴者

被《中国教育报》评选为"全国推动读书十大人物"的李振村老师讲过一个感人的故事："一个单亲妈妈独自抚养两个刚上小学的双胞胎兄弟。每天晚上，孩子做作业，她就捧着一本书在边上看，一直到兄弟俩考上北京一所有名的大学。大学毕业后，她对兄弟俩说：'你们知道妈妈有多苦吗？'兄弟回答：'我知道，你又要工作又要照顾我们……'她说：'这倒不苦，就是每天陪着你们看书太辛苦了，其实我一个字都不认识……'"想让孩子成为什么样的人，父母要先努力成为这样的人。想要孩子爱上阅读，父母要成为孩子读书的陪伴者和榜样。与孩子在一起时，适当放下手机；每天尽量抽出相对固定的时间和孩子共同阅读；阅读后，可以和孩子一起谈论书中的内容、发表自己的看法、交换彼此的意见；家庭中可以创设一个温馨的阅读角，全家共同制订一个家庭阅读计划。父母口头上教导和督促的作用远远不及用实际行动去影响、感染孩子。帮助孩子爱上阅读、养成阅读的习惯，使其能够在身体快速成长的过程中也获得精神的巨大滋养，这也是父母在养育过程中的任务。

美国诗人史斯克兰·吉利兰在《阅读的妈妈》中写道："你或许拥有无限的财富，一箱箱的珠宝与一柜柜的黄金，但是你永远不会比我富有，我有一位读书给我听的妈妈。"希望我们都能成为这样的家长。

三、成为孩子习惯的塑造者

著名教育家叶圣陶先生说过："教育的本质，就是培养习惯。"纵观身边的案例，其实真正拉开孩子之间差距的往往并不是智商，而是从小养成的习惯。细节决定成败，在孩子习惯培养的过程中，父母要在孩子成长的不同阶段制订科学的习惯养成计划，继而需父母耐心引导，有明晰的标准，能坚持监督，及时巩固，定期与孩子进行复盘，在持之以恒的规训中形成真正有价值又适合孩子的习惯，这需要父母与孩子共同努力。

四、成为孩子运动的好队友

文明其精神，野蛮其体魄。随着"双减"政策的持续推进和《义务教育体育与健康考核评价方案》的发布，各校都在积极践行"健康第一"的教育理念，充分保障孩子每天在校的运动时间和运动量。家校协同联动，共同推进家庭体育锻炼活动也至关重要。在周末和假期，亲子运动是父母与孩子之间交流情感最自然、最好的互动形式。在温暖的春天，我们可以大手拉小手，走向户外，或跑步、或骑行，一起去享受春天的阳光；在炎热的盛夏，我们可以和孩子在泳池里畅游、在树荫下游戏，享受亲子嬉戏的清凉时光；在美丽的金秋，我们可以带孩子登高望远、走进大自然，锻炼身体的同时去感受层林尽染的季节更迭；在寒冬，我们可以选择孩子喜爱和适合的冰雪运动，点燃运动的热情。让孩子爱上运动，练就健康的体魄，我们怎么努力都不为过。

五、成为孩子兴趣发展的合伙人

培养孩子的兴趣和特长时，首先我们要真正了解孩子们的兴趣和内心需求，兴趣是孩子的，不是父母的。首先，在培养初期我们可以带领孩子进行多种多样的尝试，在尝试的过程中帮助孩子选择适合自己的兴趣特长。其次，要充分尊重孩子是兴趣培养的"主体"，不过度勉强、不让孩子成为"父母梦想的继承人"；最后在兴趣特长培养的过程中，我们也不能仅仅关注结果和成绩，"克服困难，抵御诱惑，战胜不良情绪，提高毅力"等品格的塑造也是兴趣培养的重要目的。

六、成为孩子劳动的合作伙伴

劳动教育是教育的一个重要组成部分，具有树德、增智、强体、育美的综合育人价值。很久以来，家庭劳动教育被我们忽视。美国哈佛大学的学者在进行了长达 20 多年的跟踪研究后，得出一个惊人的结论：爱干家务的孩子与不爱干家务的孩子相比，成人后失业率为 1:15，犯罪率为 1:10，心理患病率也有显著差别。参加家务劳动不仅是为父母家庭分忧，更重要的是它关系到孩子今后的全面发展和生活幸福。

在家里，父母可以适时选择成为"懒爸妈"，有意识地为孩子创造劳动的机会，培养孩子承担家务劳动的责任感。兴趣是最好的老师，对儿童而言，劳动亦是如此。我们需要激发孩子劳动的兴趣，如挑选难度合适、能激发孩子好奇心的任务；再配以具体的指导和帮助，让孩子体会劳动中的乐趣和完成的成就感；而后父母一定要对孩子的努力给予肯定，关注他们的贡献，而不仅是关注劳动的成果和质量。在家庭生活中，父母要学会适当退后和示弱，让孩子逐步体会到参与家庭活动所获得的成就感和幸福感。

任何一个优秀的孩子，都不是横空出世的奇迹，而是有迹可循的成果。父母、家庭则是孩子的根，只有根深根壮了，孩子这枚果实才会更饱满。为人父母，在孩子成长的路上，我们需要以不同的角色给予孩子陪伴和引导，赋予温暖和能量，这样孩子才会更有力量在未来的世界里乘风破浪，一路向上。

北京外国语大学附属外国语学校　李文霞

亲子关系篇

别让爱犯错

我们要想真正了解孩子、关心孩子、爱孩子，就要理性地释放自己的爱，孩子的每一个成绩都是用心得来的，孩子做的每一件事都是在学着长大，我们只有学会等待，学会信任，学会欣赏，才能收获孩子带给我们的一个个惊喜。

我是一名老师，记得每次开家长会，我最看不得的就是那些揪着孩子的成绩和分数不依不饶，听不进孩子的一点儿解释，直到把孩子说得一无是处、无地自容、从头发梢沮丧到脚趾头才"尽兴"的家长。那个时候我总想问他们："你真的了解孩子？关心孩子？爱孩子吗？"可直到自己有意无意地也扮演了一次这样的角色后，我才发现，不是所有的父母都能够理性地释放自己的爱。

"回来啦，妈妈，我们今天数学考试了，我考了82分。"忙完了一天的学校工作，回到家，上小学四年级的女儿一开门就高兴地跟我打招呼，我学校事情多的时候，没时间接她放学，就让她小心过马路自己回家锁好门，等我回来。她经常都是在我的脚步声刚到门口时就跑过来给我开门了，可以想象，她一直在盼着我的回家。爱人总出差，家里就她一个小人儿，我知道她的孤独和期盼。

"82分？你只考了82分？从来没这么低过啊，怎么回事？"本应该蹲下来抱抱她，亲亲她，分享她快乐、驱散她孤独的我，有些语急。

"我说了您可别着急生气啊，我没有检查，有几道题算错了。""不是说好了，考试要好好检查吗？怎么这么粗心呢？你这个毛病不克服可是很不好的……"我没给她解释的机会，再加上一天上班的疲惫，就冲她唠叨开了。她也不争辩，委屈的泪水在眼里直打转。

一会儿接到她老师的电话，因为我没去接孩子，老师要问问孩子是否安全到家了，并告诉我说："你女儿真棒，今天数学考试全班第一。"

全班第一？82分？我有些不敢相信，跟老师道完谢，就转身来对着这个委屈的小人儿说："你82分，还是你们班第一，怎么回事？"

"老师说本来是一个小时的试卷，可是只给我们一节课时间做，我抢着做完了就没时间检查，有几道题就算错了，班里好多同学都没及格呢。"女儿小声地解释着。

我突然从喋喋不休的唠叨变得不知说什么好了，我看着眼前委屈的女儿，之前的唠叨让我很看不起此时的我：那些耐心，那些宽容，那些慈爱都没了，不问缘由，只顾自己把不满和生气一股脑儿地发泄出来。我几乎是在以强凌弱了！真是一个不可理喻的母亲！一个自以为负责任的母亲却在伤害一个幼小孩子的心，不知道小小的她会怎样来承受，我就那样地教训了她一个小时，对她的泪水和伤心毫不理会。甚至想着甩手而去，让她一个人在冷冷的屋里好好反思，看她还粗心不粗心。现在我不知道该反思的究竟是谁，借着母爱和责任的幌子在伤害一个无辜的幼小心灵。

我知道，接下来要做的是，真诚地跟女儿道个歉，我要告诉她，我真的爱她，而不是只爱她的成绩带给我的骄傲，愿得到可爱女儿的原谅！愿爱不再犯错！

庆幸的是懂事的女儿很快原谅了我的粗暴无礼，庆幸的是从那以后我不再对女儿的分数和一些小的过失"锱铢必较"，我知道，每一个成绩都是她用心得来的，她做的每一件事都是在学着长大。我学会了等待，也学会了信任，更学会了欣赏，我真的开始成为她最忠实的"粉丝"，然后，我收获了她带给我的一个个惊喜，为她的健康成长而骄傲。

中国农大附中　王东昀

父亲的信任

父亲对孩子的信任，就是最好的教育。当父母在孩子的成长过程中，给予他们肯定、支持和认可时，他们就不会迷失方向。有了父亲的信任，孩子们的将来，也会眼中有光，心中有爱，并拥有更加幸福快乐的未来。

我在青春爱做梦的年龄，迷上了交笔友，后来的学生，有 QQ、微信、微博、抖音，他们有天南地北的网友，也会一时冲动不远万里紧张激动地约着跟网友见面。我的青春时代在 20 世纪 80 年代末与 90 年代初，那时候电话都不是很普及，书信是最主流的联系方式。现在，我的书柜里还藏着厚厚的一沓纸页已经发黄的书信。那里面有我和笔友的许多信函。

　　那个时代，男女生之间的交往还很严肃，家教严格一些人家的女儿连跟男生说句话都会脸红，就会觉得离经叛道。我却交了很多的笔友，有北国军营的卫士，有外省市同类学校的文学爱好者，有忘年的智慧长者，我在纸上写着自己的喜怒哀乐、写着自己五颜六色的梦想，有时候是摹写的文言短文，有时候是青涩的小诗，有时候是天马行空的小散文，有时候是情节并不离奇的小小说，但每一个收信的人都会认认真真地读、认认真真地评论、认认真真地回复，即便是自己因为种种原因不开心的小牢骚，也毫无保留地记在纸上寄给笔友，每一次也总能及时得到一种真诚的关切，收到信函、拆阅完毕，一切不快都烟消云散，世界就此又海阔天空起来。

　　一开始我不敢让父亲知道我和笔友的交往，怕他说自己不好好学习尽做些不着边际的事情。可时间一长，这些信又都是寄到他单位转收的，难免被发现。一天放学回来，父亲难得坐在家里，平时他总是很忙。我似乎感觉到了什么："爸爸，怎么啦？您今天不忙了啊？"

"嗯，今天可以不急着忙。"

"什么意思，不急着忙，那就还是有事呗，可为什么会这么清闲地坐着呢？"

我扭过头去，看到那张宽大的办公桌，上面有三封我的信！三封信，一起到！我高兴得想蹦起来，可我不敢蹦，连高兴也不敢。不好意思地笑了笑，低下头说："您帮我收信了啊。"

"这都什么人写给你的啊，有海南的，有河北的，还有上海的。你怎么认识这些人的呢？"

我走过去把这三封信紧紧捏在手上，生怕它们跑了似的，一看信封没有拆开过的痕迹，父亲没有偷看，我的心里瞬间涌起一股暖意，这是父亲对我的尊重和信任！我也一定要诚实相告。要知道，在那个年代，父母偷看孩子日记、私拆孩子信件可是常有的事，甚至是那个年代亲子冲突最大的导火索。

"是些笔友，都是没见过不认识的人。"

"不认识的人还这么有话说？"

"就是传着看看自己写的一些作品之类的，说说自己这个地方的风景啊，人物风情啊，没什么的。上次我写的那篇电影观后感您不是也说还可以吗，我就寄给这些笔友了。他们还给我指出好多修改意见呢。"

"是吗？那你接着跟他们写吧，我相信你！只是不要影响到学习，不要互相传递什么消极不好的东西就好。以后就让他们直接把信寄给我，我保证不看，免得还麻烦人家。"我再次感到了快乐的难为情，之前为了保证信件"安全"送到我手上，我让他们写的是父亲单位的同事收转给父亲，我告诉过那个姐姐，如果有她收了转给我爸的信，就直接给我。小小地傻傻地耍了个心眼儿，却成了此地无银。

"谢谢爸爸，放心吧，肯定不会的，谁要是在信里说了不好的，我立马就不跟他再联系了。"

那个物质相对贫乏、信息渠道相对单一的年代，人心也一样简单纯净，成长中的那些小憋屈、小喜悦、小情绪、小疙瘩，就在父亲给的这份信任空间里，在一张张信纸上，谈笑间灰飞烟灭了。

父亲给予我的信任，对我是一种很大的启迪和影响，直到我做了老师，又做了母亲，继而把这种信任传递了下去，然后我看到了面朝大海春暖花开的一片灿烂。

中国农大附中　王东昀

改变自己，和孩子一起成长
——打造亲密、和谐的亲子关系

孩子的成长很复杂，在教育子女的过程中也许我们最初所做的并不完美，但只要我们尽心尽力，努力调整自己，陪伴孩子做出相应的改变，那就是好家长。做家长如同人生中的许多事一样，没有最好，但有更好。所以，家长要坚信：家长对子女深沉的爱、诚挚的改变、温柔的鼓励、言传身教的榜样，终将幻化成一盏永不熄灭的明灯，照亮孩子前行的道路。

教育孩子的主要任务应归于谁呢？这是很多人思考的问题。有人说，教育下一代应主要是学校的任务，毕竟现在的社会瞬息万变，父母都忙于工作，很难关照到孩子的学习与生活。可作为教育者，还是要坦言："我们明白父母工作的苦衷，但孩子未来的成就，是和父母息息相关的。"苏联著名教育学家苏霍姆林斯基在中学从教 30 余年，谈论得最多的便是家庭教育对孩子的影响："家庭作为孩子生活和成长的环境，是不可替代的教育环境，亲子关系、父母的教养方式对孩子心理、性格形成有着极为重要的作用。"

一、初中阶段，家庭教育应实施的原则

儿童时期，孩子的心理往往是单纯的。对于学习和生活，孩子们总是更倾向于"快乐"。父母在教育陪伴孩子时，应和孩子一起，在玩中"学"，让教育饱含着"快乐"的味道。正如卢梭所主张的，把儿童当作儿童来看待，幼儿教育应当遵循自然的原则。但伴随着孩子的成长，教育原则不能一直以"快乐"为唯一要求。中学阶段，是培养孩子综合素质，塑造健全人格的关键时期。家长应了解认识当前孩子的身心发展特点，确立家庭教育应实施的原则。

当孩子进入中学阶段后，心理特征此时也逐步发生改变。一方面，中学阶段的孩子已经逐步进入青春期，身体发育也进入快速发展时期，但是心理的成长速度往往滞后于生理成长速

度。身心发展的不协调，会让孩子迷惘自己是否真的"长大"了，从而引发一种矛盾心理。另一方面，孩子会逐渐认识到：不同的成长环境、原生家庭背景和学校环境等会存在差异，如此一来，导致大家的心理和生理发展会呈现出明显的不同，心理和人格特征也表现出差异性。因此，孩子进入初中阶段后，心理的特征会主要表现为具有明显的矛盾性与差异性。基于孩子的这一心理特征，父母应遵循的教育原则为以下几个方面。

（一）要用发展的、包容的眼光看待孩子成长

孩子进入中学阶段以后，似乎会有突然"长大"的迹象。此时的孩子，虽然看起来已经是"小大人"的模样，但在心理发展上极不成熟。小升初后，周围的环境会发生较大的变化、面临的学习压力也不断增加。在这样的环境下，适应能力弱的孩子更容易产生强烈的不适感。他们更加需要来自外界的关于学习方法、人际交往和自我接纳等方面的指导。面对此时敏感、困惑的孩子，为了打造和谐、亲密的亲子关系，家庭在进行教育时要树立长远发展的意识。也就是说，家长不仅要时刻关注孩子的身体成长，还要加大对孩子心理健康的重视程度。

生活中，家长们常常会为"自己家的孩子又叛逆了"而头疼不已。但我们需深知，"叛逆"是孩子们成长过程中的必经阶段，是孩子们开始具有独立思想、自我意识的显现。面对"叛逆"，家长应该用包容的眼光去观察，综合进行评判。切

忌直接通过"好"或"坏"进行判断,这会伤及孩子处于敏感时期的自尊心,甚至会影响孩子的身心健康成长。所以,家长要用发展的眼光看问题,科学引导孩子成长。

当然,践行"包容性原则"并不是指父母一味地去溺爱孩子。在人与人的共同生活中,有"可以""不可以""应当"这一些概念。若父母一味地溺爱,孩子只会觉得,对于他来说:人际交往的一切原则都是"可以的"。用简单的话来讲,"溺爱孩子"是将孩子推向利己主义的一边。一旦脱离了家庭的支撑,生活中的少许困难,对于在溺爱中长大的孩子而言,都会成为无力承担的重负。由此,对于迷茫的父母而言,可以参考教育学家苏霍姆林斯基的建议:"只有母亲与父亲同时与孩子谈话时,才能做到防止溺爱……他们一起指挥劳动,教导孩子控制自己想干其他事的愿望,使之服从于劳动,服从于纪律和集体的意志。通过教导子女,父母作为教育者也在进行学习。"也就是说,父母要对教育孩子的问题达成一致的意见,要不断学习如何教育孩子,要引导孩子热爱劳动、服从集体和纪律,最终使孩子成长为独立的、对社会有用的人。

(二)提高自己在孩子眼中的"地位"

苏霍姆林斯基认为,家长是孩子的第一任老师,他们的一言一行都会对孩子的身心发展产生潜移默化的巨大影响。因此,家长要做到严格要求自己,应"尽量提高自己在孩子眼中的地位"。他指出:"父母教育孩子,也就是在教育自己并检查自己的人格。"对父母来说，要把自己身上良好的品质"灌输"到孩子身上。而最主要的是家长要在人与人之间美好的关系方面为孩子做出优秀的榜样。可以说，孩子的行为是受父母的行为影响的，孩子的情感是通过父母的情感所激发的。

"家"的概念总是与亲人之间的温存、抚爱、关怀等联系在一起的。人从出生起，就在家庭这个集体中、在温馨的气氛中开始自己与人们的交往。家庭集体成员之间道德、精神、心理等方面的关系，成人之间的关系，成人与孩子之间的关系无不构成孩子最初的社会经验和对社会中人与人之间关系的最初概念，而这对他一生所起的作用是不可估量的。正是在家庭这个教育环境中，孩子奠定了善与恶、真与伪、好与坏、是与非的基本信念，学会如何对待周围的人和事物，知道应当向往什么、唾弃什么。因此，家庭集体中人与人之间的良好关系，他们的言行所代表的高尚道德品质，在孩子最初几年的生活里起着决定性的作用。中学阶段是孩子最敏感的时期，在这个时期一旦缺少了必要的良好教育，日后是难以弥补的。

（三）尊重孩子，正确使用父母应行使的权利

家长应该明智地爱孩子，要正确地使用自己的权利，对待孩子应该做到"热情关怀和严格要求、爱抚和严厉相和谐"。然而在当前的家庭教育中，对孩子如皇帝般一味娇宠溺爱的家长大有人在，对孩子严厉要求甚至不惜棍棒相加的家长大有人

在，忽视孩子的精神需求，只用物质弥补亲情的父母也大有人在，这些教育方式都不利于孩子健康成长。为此，父母在实施教育时应注意以下两点。

第一，父母应该尊重孩子。孩子会逐渐长大，他们也需要个人的空间，也有自己的秘密和隐私。所以父母也要学会尊重孩子，理解他们内心的想法和愿望。千万不能因担心孩子太小，不能正确处理事情，而一味地干涉并"全权代理"。这样反倒会让孩子厌烦，尤其是青春期的孩子，会愈加逆反。父母对待日益长大成熟的孩子，一定要多聆听，多交流，尽量去建立和谐、民主、融洽的家庭氛围，而不是用绝对权力去压制和禁止孩子的真实想法。

第二，父母要正确地使用权利。作为孩子的第一监护人，父母自然有权利教育孩子，甚至在必要时要采取合理的惩罚措施。虽然父母爱孩子是不容置疑的，但不能让爱成为孩子的精神桎梏。溺爱最终带给孩子的是与年龄不相符的幼稚和自私自利；专横的爱让孩子的心灵遭到破坏性的伤害；棍棒带来的后果往往是变本加厉的叛逆与反抗；赎买式的爱更是带来孩子精神的空虚和情感的冷漠。父母一定要避免以上这几种形式的"不明智的爱"。

（四）和谐一致，达成教育共识

"和谐一致"的教育原则可以概括为两个方面：一是家长要与学校采取和谐一致的要求和行动。家长要积极配合学校和老师提出的要求，因为教育的效果取决于学校和家庭的教育影响的一致性。如果没有这种一致性，那么学校的教学和教育过程就会像纸做的房子一样倒塌下来。二是父母对孩子的要求要和谐一致，这样有利于保持和提高家长的威信。如果父母对孩子提出的要求不一致，孩子会意识到可以不听其中一个人的话，或找理由听符合他意愿一方的话，这会使孩子养成不听话的习惯。因为"年幼的孩子们一旦有了某种感受，这种感受便会占据他们整个心灵，支配他们的思想"。在这里，我们主要探讨父母关系对孩子积极心理发展的影响。

研究发现，父母冲突会降低孩子的自尊水平，增加消极认知、不安情绪体验、社会焦虑以及抑郁风险，父母冲突也会扩大父母教养分歧，间接增加孩子的学业倦怠。父母冲突还会影响子女社会能力的发展，表现为亲子沟通不畅，亲子关系与友谊质量不高，进而出现更多的外显问题行为。根据心理学家布朗芬布伦纳的生态系统理论，家庭是一个系统，是一个相互联系的整体，父母关系会直接影响父母心理状态，进而影响亲子互动质量。在低婚姻质量的家庭中，父母的管教更严厉，更容易出现心理攻击和体罚等现象，以致难以建立亲子依恋关系，孩子焦虑感更强。相反，在高婚姻质量的家庭中，父母则会增加积极教养行为，父母更容易产生教养协同（即父母在子女教养问题上的团结和一致行为增加，冲突和相互贬低行为减少），从而促进亲子高质量互动。

可以说，父母之间和谐的关系是孩子健康、快乐成长的保证，只有夫妻双方都关心、教育子女，才能使家庭生活真正幸福圆满。事实也正是如此，夫妻之间的真诚、信任和尊重，这些美好的情感会潜移默化地深入孩子的心中，使孩子相信美好事物的存在。来自父母双方的爱会让孩子感受到家庭的温暖，他们会慢慢地模仿父母、懂得如何去爱，这对孩子未来的婚恋是十分有益的。现代社会夫妻离异率较高，单亲家庭的学生缺乏完整的关爱，有的会表现得比较自卑，有的会显得非常情绪化，总之都是安全感缺乏的体现。当然，离婚与否是父母的自由，只是希望父母不要因为一时冲动而离婚，最好在离婚之前就孩子的家庭教育和关爱问题做好周全的考虑，在离婚之后能尽最大力量给予孩子来自父母双方的爱护，毕竟没有一对父母希望自己的离婚导致子女灰暗的童年以及子女对爱情和婚姻的畏惧。

二、初中阶段，"父母教养"的策略

父母教养方式指父母对子女所持有的一系列态度，是父母多种教养行为特征的概括，体现了父母对子女的教养态度和情感。人际接受—拒绝（IPAR）理论认为，父母通常是子女的主要依恋对象，"父母情感温暖"（父母对子女温暖、支持和理解）作为一种积极的教养方式，对青少年心理健康具有积极作用；而"父母拒绝"（父母对子女表现出的拒绝、专制、压迫等特征的教养）作为一种消极的养育方式，对青少年心理健康产生负面和持续的影响。父母教养方式不仅直接展示了家长接人待物的行为规范和思想观念，还在亲子间的互动交流中传递人生观、价值观和道德观，潜移默化地影响子女的思想行为。

（一）重视积极心理教育

孩子对世界的认识，是从父母开始的。在孩子们面前展现出来的通往世界的第一个窗口，便是父母的模样。父母遇事的神情态度、对于是非的判断，构建了孩子对于情绪最初的理解。他首先认识的是妈妈如何跟自己说话，爸爸怎样对待妈妈。继而推导出，在生活中，他应该如何与他人相处。

1.“不越位”的母亲，给予孩子“自由”的天空。

青春期的孩子开始具有鲜明的独立意识，在他们与外界交流的过程中，难免会经历挫折。面对这些挫折时，作为母亲，不要试图以一种“独裁者”的身份出面，想着通过自己出面，解决掉孩子的各种问题。这种“越位”的行径，会给孩子带来强烈的压迫感，让孩子失去向上生长的能量。母亲把孩子看作一个独立的个体来尊重，才能理解孩子的各项决定，还给孩子自由生长的空间，孩子才能迸发出无限的自驱力去面对生活中的各种挫折。正如纪伯伦《致孩子》中所表达的，孩子是独立的，是与父母平等的个体，父母只能给孩子以爱，却不能代替他们思想、灵魂的形成。

2. "不缺位"的父亲，保护孩子心灵的纯洁性。

苏霍姆林斯基的教育理念是：在严格要求全体家庭成员的同时，对孩子父亲提的要求总是高过其他人。他认为父亲是孩子心目中最亲切和最有权威的一个男子，他的一言一行对孩子有着特别重要的意义。在对待周围的人和事物方面，他要求父亲为孩子做出最完美的榜样，让孩子们从父亲身上学会应当如何细心观察周围人的表情和目光，体会他们的心情和感受，在内心深处体谅他们，在行动上帮助他们。苏霍姆林斯基的笔触及了不少优秀的家长和家庭，而模范的丈夫总是他下笔最多并寄寓深情的人物。

英国心理学家温尼科特说："在家庭中，需要父亲来让母亲感到身体上的舒服，在心灵上感到幸福，这样孩子才能充分感受到家庭的和谐，获得一种真正的安全感。"许多心理学家、教育学家特别强调一个男子用对妻子真正的爱来教育孩子的重要意义。可以说，只有父亲承担起他应承担的家庭责任，孩子才能相信世界上有真理，人类有道德，而这种信念是孩子接受教育所必不可少的。尤其当孩子面对社会上种种不良思想和风气的毒害和侵蚀时，父亲的坚定支持会成为他的精神信仰和支柱，给孩子独立思考的力量，帮助其树立正确的价值观，从而形成自己的思维方式。

（二）开展家庭劳动教育

劳动教育被视为当代教育中"五育"（德、智、体、美、劳）全面发展中不可或缺的一个重要环节，也是促进亲子关系的催化剂。现代科学研究也证实，劳动具有强大的教育作用：手脑并用的劳动更易于发展孩子们创造性的思想，培养高尚的情感。劳动时，孩子在动手中思考，在思考中动手，以动手配合动脑来增加和巩固知识，并通过劳动来增强体质。做父母的切忌溺爱，爱孩子时既要理智对待，又要严格要求。尽管孩子进入初中阶段后会面临课业繁重等问题，但父母依然要多鼓励孩子并陪伴孩子从事家庭劳动、社会志愿服务等活动，帮助其树立劳动意识。

一个人的道德面貌，在很大程度上取决于他在儿童时代以什么为欢乐。一个在儿童时代只知享用、消费和满足自己愿望是幸福，而不知创造、劳动和为他人做好事是幸福的人，必然是一个自私自利的人。劳动就是变"我要"为"我给"的重要途径。良好的劳动教育可以帮助孩子学会换位思考，使其有感恩父母、帮助他人、回馈社会的观念。同时会让孩子体会到为他人做好事之后的欢乐和幸福，这种幸福感要远大于向他人索取时的幸福感，而这一意识是必须从小加以教育并一直坚持培养的。

要让孩子用劳动来为他人创造欢乐和幸福，自己又从中去享受无比的幸福。在日常生活中，培养孩子的劳动意识，加深热爱劳动的情感，让孩子在劳动锻炼中真正磨砺自身的意志和品格，这是聪慧又有效的家庭教育方法。

（三）引导孩子自我教育

"自我教育"指受教育者以一定的世界观和方法论认识主观世界和教育自己的全部过程，又称自我修养。即人们在已经形成的思想品德的基础上提出一定的奋斗目标，再监督自己去实现这些目标，最后评价自己的实践结果。父母可通过培养孩子的"自我教育"，进一步培养孩子的自律与内驱力，树立责任担当意识与乐观的生活观念，不断塑造孩子自尊、自爱、自强的坚毅品质。从而为孩子今后的发展和成长奠定基础，让孩子最终成长为一个有教养的、有健全人格的人。引导孩子逐步实现"自我教育"，父母应尤其重视孩子"责任感"及"自信心"的培养。

1.培养孩子的"责任感"。

初中阶段，父母会头疼于孩子上课迟到、不能按时完成作业、经常打游戏等不够自律的行为，和孩子沟通，但通常以激烈的争吵而告终。究其原因，就在于孩子没有体会到这些行为实施后需承担的后果。面对这种情况，家长最好的解决方式就是效仿苏联杰出的教育家马卡连柯的教育理论："不断引导孩子做决定，逐步放手，去培育孩子的责任感。"

面对困难，孩子遇事经验不足，家长要在一旁给予充分的支持和鼓励。最正确的引导方式不是要求孩子听命于自己，也不是完全凭孩子心意，而是跟孩子谈，引导孩子想出办法。家长鼓励孩子勇于尝试，失败了支持孩子反思了以后再挑战，成功了给予孩子肯定，分享孩子的喜悦。这样，在培养孩子能力的同时，还能提升亲子关系。孩子也能坦然接受生活里的各项困难，将思考逐步转化为能力，进而具有担当。

2. 建立孩子的"自信心"。

作为父母，应该提供足够的安全感给孩子。任何时候也不要为显示自己的权威而急于揭穿孩子不好的、错误的行为，不要急于把孩子的缺点公之于众，而应当让孩子发挥内在的精神力量来克服自己的缺点。提高孩子的自信心，家长要做到深入地了解自己的孩子，给孩子以恰当的鼓励。父母如果想要深入地了解自己的孩子，就要通过平时的观察去探索孩子各类行为的需求与动机，让孩子根据自己的实际情况提出对自身的要求。在学业与生活上，都要鼓励孩子先从小目标做起，一步一步去完成它，逐步培养起孩子的自信心。在这一过程中，家长要努力找寻孩子自身的优点并鼓励孩子找寻自己的发光点，从而帮助他们发掘自身成长发展的突破点。

小结

希望各位家长相信，对于孩子来说：你就是最好的家长，没有任何事物可以替代你对孩子最真挚的爱。孩子的成长很复杂，在教育子女的过程中也许我们最初所做的并不完美，但只要我们尽心尽力，努力调整自己，陪伴孩子做出相应的改变，那就是好家长。做家长如同做人生中的许多事一样，没有最好，但有更好。所以，正在教育孩子的你，要坚信：家长对子女深沉的爱、诚挚的改变、温柔的鼓励、言传身教的榜样，终将幻化成一盏永不熄灭的明灯，照亮孩子前行的道路。

北京外国语大学附属外国语学校　林镜

精心陪伴，静待花开

正如雅斯贝尔斯说的那样，教育的本质意味着：一棵树摇动另一棵树，一朵云推动另一朵云，一个灵魂唤醒另一个灵魂。好的教育离不开学校，更离不开好的家庭教育。家长应该培育有责任、有担当，有理想、有情怀，有好身体、有爱好，懂自律、有规划的孩子，这样孩子就能够水到渠成地、自觉而有目标地去奔向他的目标和理想。

作为家长很庆幸王子鑫在 14 年前就有机会在京源幼儿园就读，并一路从小学读到初中，我们不仅和学校共育孩子，也同时见证了孩子从"小树苗"初长成一棵"小树"的全过程。孩子的进步和成长离不开京源教育集团完善且科学的"K-12"全面育人的教育体系，使得每一名孩子都能学有所长，学有所成。这期间的努力付出更离不开为人的终身发展和一生幸福而工作的、敬业负责的所有京源学校的老师们，他们在孩子成长的路上一路风雨同舟，鼎力相助，他们陪我们走过了最艰难的"线上和线下教学"，走过了孩子牙牙学语的孩童时期，也走过了孩子青涩的青春期，在此表示深深的感谢！

依托学校的各类各级育人活动，特别是学校对如何做合格家长的培训，使我深深地认识到：好的教育离不开学校，更离不开好的家庭教育。正如雅斯贝尔斯说的那样，教育的本质意味着：一棵树摇动另一棵树，一朵云推动另一朵云，一个灵魂唤醒另一个灵魂。下面我简要总结一下在家庭教育上，我们家在培养孩子上的些许思考。

一、育有责任、有担当的男子汉

孩子小时候性格比较内向，不爱表达，作为家长甚是担心，上了初中之后，为了改变这一现状，我决定鼓励孩子去竞选班委，目的不是为了班委的头衔，而是让孩子体会竞争的感觉，去更多地参与班集体的活动。同时，最好能够通过竞选的成果，成功找到属于他的自信。因此，我陪孩子一起准备他的发言，最后孩子当选时那个表情我至今难以忘记，这就是自信的建立。建立自信需要家长们的后盾力量，给孩子支持，不管结果如何都要以平常心对待，之后，孩子也担任了年级学生会副主席等职位。在这些职位上，孩子能协助老师积极组织各种班级活动，如班级的 14 岁生日，离队建团仪式等。责任与担当不是大话，是要通过各种小事来逐步形成的，在家中，我们也同样会给孩子安排刷碗、擦地等力所能及的家务，不管是班集体还是家庭中都要像男子汉一样承担责任与担当。

二、育有理想、有情怀的男子汉

升入初中以来，孩子特别喜欢初中生活，认为初中生活很丰富，在学科上新开设了历史、地理、道法、生物等科目，丰富了孩子的眼界，因为孩子喜欢大量阅读历史书籍，所以知识面就此也丰富起来。在阅读了大量近现代史后，孩子深感到这段民族的辱屈史是每一个中国人的痛，经常听到孩子和爸爸茶余饭后的激烈讨论。孩子的三观初步形成，这是家长重要的正确引导时期，不要让孩子被现实中一些非主流媒体的声音把孩子的三观带歪。青春期的孩子已经不是那么轻易被说教的了，我和孩子爸爸就经常用自身的经历引导教育孩子如何看待一些社会问题。寒暑假带孩子参观各种博物馆，如清华大学艺术博物馆、中国人民抗日战争纪念馆、曹雪芹纪念馆等，孩子在思想上和情怀上都深深受到了洗礼。孩子说清华是他的理想，我们为孩子有这个理想而骄傲。孩子经常说为今日之中国感到自豪，并且在遇到困难时，常常念叨林则徐的名言"苟利国家生死以，岂因祸福避趋之"，并将其视为座右铭以此自勉，我们为孩子大气的情怀所感动。

三、育有好身体、有爱好的男子汉

人生漫漫，不只有眼前的读书，还有诗和远方，我们一直教育孩子，眼界要宽，格局要高，而这些的提升不仅仅要靠学习得来那么简单，要有自己对生活的体会，生活要丰富多彩孩子感受才会深、会新。因此，我们主张带孩子体验各种生活，我发挥家里所有人的爱好，去带孩子感知生活。爷爷是健身爱好者，就培养王子鑫健身爱好；爸爸爱游泳和开赛车，就带着孩子去游泳、开赛车；我喜爱旅游，就经常带着孩子四处转转，体会不同文化的风土人情；奶奶喜爱田间地头生活，就带着孩子去享受田园生活，如除个草、拔个红薯等，总之，就是培养孩子识得五谷杂粮、练就强健四体。培养孩子有个好身体，有个爱好，长大后不孤单地与书本为伴，还可以微笑着与生活同行，亦可以与三五好友一起携伴而行。

四、育懂自律、有规划的男子汉

在学习上，王子鑫从不用我们担心，每次寒暑假，孩子都习惯提前规划自己的时间和生活，他会主动要求我们家长去配合他完成一些事务，如需要看什么书、需要打印什么学习资料、需要我们告诉他周几休息可以安排家庭出游等。他已经习惯了自己规划自己的学习和生活，也懂得自律，会给自己时间去锻炼去放松，作为家长看到孩子的成长我很自豪。孩子之所以能做到这些，是因为作为家长我把以上三点都已经做好了，孩子就能够水到渠成地、自觉而有目标地去奔向他的目标和理想。

在初二年级结业之际，孩子光荣地加入了共产主义青年团，成为一名团员，作为妈妈我感到无比激动。

感谢京源学校为孩子们打牢了知识基础、满足了个性需求、提升了人文精神和科学素养。同时也培养了求真、尚美、明德、至善的孩子，造福千万家。

京源学校　王子鑫家长

守望相助，和孩子一路成长

在孩子的成长过程中，应让孩子树立独立思考的意识；要关注孩子的兴趣，顺势而为；要培养孩子的自立和自律；在面对问题时，应挖掘问题的本因，找到解决的方法。家长要守住自己的战线，不越位；关注孩子的心理，不强迫；陪伴孩子的成长，不代替；助力孩子的进步，不拔苗。守望相助，与孩子一起成长！

在亲子关系中，父亲似乎一直都是一个"旁观者"的角色，他们更多地被解读为家庭支柱、沉默寡言的人。特别到了初中阶段，更多的母亲成为孩子的主要家庭教育者，父亲越发被边缘化。实际上，在青春期阶段，家庭亲子关系的和谐和完整对于孩子的成长是至关重要的，《中国家庭教育现状》这样描述：父亲的角色，对孩子的学习、性格、情感、品质、体质等方面都有不可替代的作用。实际上，孩子来到这个世界，每个成长都是第一次，作为父亲，又何尝不是呢？下面结合自己在儿子成长过程中的做法，谈一些浅显的体会和收获。

首先，我觉得要让孩子树立独立思考的意识。"独立之精神，自由之思想"也是我推崇的。我认为在孩子成长的过程中能有自己正确的见解是至关重要的，但是这也不是灌输来的，而是能在比较中去提升，这样形成的是非观才是更为坚定的。

阅读是一个很好的途径。从小，我就和儿子说，你的问题我知道就可以直接告诉你，但是拿不准的我可以帮着你一起去找答案。阅读就变成了一个最好的找答案的过程，从小时候各种兵器、机械的立体书，动漫图书，到后来的名著读物。在阅读上，我的原则是"三不"：不限制。开卷有益，只要他喜欢就可以，在这些书籍的基础上增加学校要求的书籍，尽量兼顾。不回避。"知之为知之，不知为不知"，一起寻找问题的答案，对自己不能解决的问题，持互助解决的态度。不固定。在时间上没有要求，有的书可能会隔段时间才继续看。另外，吃饭的时候也是一个阅读交流的好时间。记得有一次我俩吃饭的时候谈到"世界和科学"的话题，我说了我的见解：那就是世界应该保持科学的方法去认识，随着我们认知的扩展，原来的科学可能有局限性，但是科学的研究态度是不变的。就这样，在阅读过程中，培养了孩子独立思考的意识，形成了是非观和简单的价值观，也增进了亲子情感。

其次，要关注兴趣，顺势而为。在成长的过程中，我们更多的是对于规则的敬畏。我和他会先认同一个规则，在规则的基础上保持尊重和平等交流。我儿子的很多能力都是在喜欢的时候学会的，我也没有对在某个时间必须学会某项技能的规划。就说学自行车吧，很多同学可能小学就会了，孩子妈妈也曾想让他赶紧学。在和儿子交流的过程中，他表示，规定 12 岁以前不能骑车上路，所以他要 12 岁之后再学骑车。我觉得孩子说得没有错，所以就支持了他。升入初中之后，他提出来想学了，我和他妈妈就陪着他练习，在过程中我主要讲了要注意的动作，三个晚上他就学会了，从绕着小区骑到自己骑车去学校，熟练的过程让他体会了成功和自信。还有，刚上初中时，每天上学他需要坐地铁 19 号线倒 6 号线。我们原计划接送一个月再让他自己走，结果他发现有同学同路，所以在两周后就提出了要自己独立上学。还记得新冠疫情居家学习期间，他学会了炒菜、拧魔方、包粽子、理发。现在想起来，场景都还历历在目，眼前还是欢乐。

然后就是自立之后的自律。在自律培养上，我从三方面入手：第一，和他强调一个时间只能做一件事。这样做可以提高做事的专注力，也可以提高做事的效率，同时可以节省出更多的时间做自己喜欢的事情。所以我们制定了比如在做作业的时候非必要不能使用手机的规则。第二，自己坚持做好孩子的榜样。孩子是一个家庭的缩影，我们想让孩子变成我们希望的样子，首先就要自己做到。当然，我也会和他说孩子和成人的区别，必须要知道不可逆的一些事才是重要的事。第三，适当的鼓励是不可或缺的。当孩子这次做得比上次好时，我们可以夸奖他努力的过程；可以说出我们看到的情景，并告诉孩子这是他努力的结果；可以把孩子值得赞赏的行为总结为一个词（有自制力）；还可以让孩子无意中听到你对他的正面评价。

　　最后，和大家交流的就是面对问题要有方法。在学习成长的过程中，问题是不可避免的，处理问题时避免发泄情绪。还记得在小学的一次语文默写生词中，我儿子错的比较多，在改错的过程中，我发现没写上的词其实并不难，我就问他是什么原因，他说是因为前面的一个词字太复杂了，当时想了半天，结果后面的词就错过了，没听到。就这样，我又让他把那个虽然写对的词写了 5 遍。更多的时候，我都会尽量去找每个问题的深层次原因，在快速解决问题的同时也减少简单处理造成的矛盾。虽说这是个学习的问题，但是通过问题的分析和处理，我让他明白要能够自己去挖掘问题的本因，真正去提升自己。后来，他学习上的问题我反而管得越来越少了。

说了这么多，其实都是一些琐事。每个孩子的家庭背景和成长经历不尽相同，但是我们必须要坚持的就是那些初心：平安地成长、健康的心理、勇敢地担当、独立地思考。在2020年居家学习时，我在朋友圈和家长探讨时说："成绩很重要，但不是唯一。说得容易，坚持很难。疫情来临的时候我们看透的东西，当它过去了，我们又会回到看不透的时候。"我们可能都会在这个循环里，所以我们更有必要多反思，勤纠偏。

守住家长的战线，不越位；关注孩子的心理，不强迫；陪伴孩子的成长，不代替；助力孩子的进步，不拔苗。这个过程也会是我们作为家长的成长过程。

守望相助，让我们和孩子一起成长！

北京市第十五中学　刘波

顺势而为，静候花开

每个家长都深爱着自己的孩子，每一个孩子也都渴望得到家长的接纳与关爱。家长们应该想想自己的青春期都经历了什么，是怎样过来的，学会换位思考，试着走进孩子的世界，让孩子在宽容、支持、陪伴下，顺利度过内心成长最快速的这几年，助力他们满怀信心地去拥抱自己的精彩人生。

在孩子的养育上，多年来我和先生分别扮演着"慈母"和"严父"的角色。先生在孩子的学习和管理上起主导作用，要求比较严格，而我更多的是照顾女儿的生活。在小学阶段，女儿对爸爸多少是有些敬畏的，爸爸在家的时候比较听话，乖乖地学习，早早睡觉。但只要爸爸不在家，她那调皮捣蛋的一面就暴露无遗，作业完成得马虎，玩到很晚还不肯睡觉。那时候只要先生一值夜班，我就忧心忡忡：小家伙今晚又会出什么幺蛾子呢？

不经意间，女儿已经是一名初中生了。我们发现女儿的自我意识逐渐觉醒，开始注重自己的形象，在意别人的言辞和评价，自尊心明显增强，情绪变得不稳定，和父母的话少了，尤其是对父母的反抗情绪越来越高涨。表现得很突出的一点就是她开始跟爸爸顶嘴了。小的时候即使对爸爸的一些安排不满，女儿通常也会服从，可是上了初中以后，她会明确地表达出不满，会跟爸爸争辩，抛出自己的一套理论，受到批评后会放声大哭，甚至跺脚、摔门。这一切我和先生看在眼里，却一直没想好该如何调整和女儿的相处方式。就这样，初中第一年过去了。

初一的暑假，先生接到援青任务，要去青海省玉树市工作一年。临行前，他再三叮嘱我，初二是学习成绩的分水岭，要多关注女儿的学习。于是，初二一开学，我就每天晚上盯着女儿写作业，反复告知其玩手机的坏处，劝她早点学习完早点休息。我以为我的说话口气已经很温和了，可是女儿并不买账，摆出一副"爸爸不在家谁也别想管我"的神情，有时到晚上9点多了还不肯写作业，依旧我行我素地打游戏、看网络小说，学校小测的成绩也在下滑，这可真是让人着急上火。终于有一天，在我觉得忍无可忍批评了她几句后，她情绪大爆发，一通叫嚷之后打开门就离家出走了。我当时整个人都蒙了，慌乱地跑出去把女儿找了回来，崩溃般地大哭了一场。

痛定思痛，这件事后我努力让自己冷静下来，反思发生的一切。其实女儿一直是个有进取心的孩子，她有时候故意不好好写作业是对我的说教和不信任的一种反抗；她有时候发脾气，是因为她在学校遇到了挫折，怕家长批评、唠叨而不愿意说出来，只好通过发脾气来宣泄情绪……慢慢厘清了思路，我决定首先从改变自己的说话方式做起，停止唠叨和说教，放下焦虑避免传染给女儿，对她造成内耗。其次，接纳孩子的一切优点和缺点。发掘女儿善良、努力、热心、人缘好等各种优秀品质，及时表达自己的欣赏和赞美，让她感到被认可、被尊重。觉得女儿的做法有问题时先不去否定她，不表达负面情绪，而是平静地帮她分析事情有没有更好的解决方法，让她自己去思考，尊重她的选择，给她试错的机会。有时候她尝试过之后，自己就会发现原来那种做法并不理想，另外一条路可能会更好走，此时她也会由衷地感谢妈妈对她的耐心引导。遇到女儿情绪不好的时候，我不急着分析问题、教她怎么做，而是先站在她的角度共情，让她觉得妈妈是理解她的苦衷的，是跟她一头的。等孩子的情绪平稳了，再尝试了解其中的原因，帮她分析和解决问题。女儿往往在情绪平复下来后，就觉得这件事其实也没那么糟糕，没有什么可烦恼的了。然后，给孩子自由的空间，让她尝试自我管理。我告诉女儿，妈妈相信她能做好自己的事情，不会再盯着她写作业，手机也让她自己保管。女儿学习的时候我就去做自己的事情，她需要帮忙叫我的时候我再过去。女儿原本写作业的时候都是关上房门的，总怕被监视，自从我不再"盯梢"了，女儿反倒不关门了。我也从盯作业的紧张中释放出来，有时间去看书、追剧、下楼散步、购物了，我们各忙各的。说实话一开始我心里也打鼓，担心孩子会不会由此"放飞自我"。一段时间后，我发现自己真的是白白担心了，没有了我的碎碎念和步步紧盯，女儿反倒把学习和生活打理得井井有条，成绩也没有退步，而这反过来又提高了女儿的自信心和学习的主动性，形成一个正向循环。有时我想，孩子们的潜能也许常常被我们做家长的忽视甚至压制了，我有点后悔没早一点为女儿"松绑"。

为了和青春期的女儿拉近彼此距离，我还总结了几个屡试不爽的小招数。一是增加肢体接触。每天早上起床我都会给女儿一个大大的拥抱，晚上给她做足底按摩；聊天时经常捏捏她的小脸蛋、小鼻子，或者趁她不备偷偷拽她的辫子；女儿准备睡觉时，跟女儿说为了锻炼身体要背她去卧室等。这些小动作常被女儿笑称"太二了"，但实际上我能看出来，女儿很享受我们之间这些亲密的举动。二是多聊天。并不只是聊学习、聊考试成绩，而是天南海北地"瞎聊"。比如有什么惊天新闻啦，朋友圈里看到的有意思的段子啦，单位里发生的趣事啦。顺便问问女儿学校里有没有什么值得分享的事情，聊着聊着就能发现女儿的兴趣所在，了解到她在学校的动向和她的一些想法。接下来投其所好，对她感兴趣的事情再多研究研究、挖掘挖掘。这样越聊越有得聊，越聊感情越好，孩子自然而然会对你打开心扉。三是适时向孩子"示弱"，请孩子帮忙。女儿上初二时已经明显比我高了，力气也比我大。我买了东西会请女儿帮忙搬运，她也乐此不疲，争着帮我拿这拿那。还有，由于上中学时历史学得一塌糊涂，我追史剧时经常胡乱发表评论，惹得女儿忍俊不禁，不得不拉着学渣老妈普及历史知识。这样不仅增进了亲子关系，还提升了女儿的被需求感和自我价值感。四是有效地陪伴与支持。比如带女儿参加户外活动，看展览，参加同学聚会，陪她做手工、打游戏、看电影、画漫画，在她的兴趣点上做好陪伴、融入并乐享其中。女儿是团支部书记和宣传委员，经常要组织或者参加班级学校的活动，我会帮她出主意、想点子，或者一起查阅资料，挑选 PPT 的风格，让她感受到妈妈对她的支持。

　　每个家长都深爱着自己的孩子，每一个孩子也都渴望得到家长的接纳与关爱。想想我们的青春期都经历了什么，是怎样过来的，让我们学会换位思考，试着走进孩子的世界，让孩子在宽容、支持、陪伴下，顺利度过内心成长最快速的这几年，助力他们满怀信心地去拥抱自己的精彩人生。

京源学校　郝婧筠妈妈

我与孩子二三事

　　教育最大的目的，不是把孩子牢牢捆在身边，而是给他们独立的能力、胆量和自信。你的适度放手，会让孩子得到成长的机会，实现可持续的进步。但是，父母对于孩子的放手教育要掌握一个度，只有掌握好度，孩子才会变得更加优秀，更加出色。

几日前带孩子和一群朋友聚餐。由于要孩子相对较晚的缘故，他们作为过来人，自然对我的育儿问题是一番耐心细致的询问。其间更有已经帮助子女完成阶层跨越的猫爸虎妈同我分享他们手中的各类教育资源。推杯换盏之际，更不免对我这个当年的丁克最终没"钉"住而加以一通调笑。玩笑过后朋友们好奇我这几年教儿育子的感受，我顿时心生感慨，不由转向孩子说道："我带你这几年最大的收获就是——不管。"孩子听罢，冲我会意地笑了……

　　那我就讲讲我如何"不管孩子"的这点事。这得益于当年的计划生育政策，初为人父，经验全无，只能在实践中摸索，以举家之力应对孩子成长。像社会流行的套路一样，自然不能让孩子输在起跑线上，三四岁背唐诗，五六岁习英文，七八岁弹钢琴……各种的课外班。几年下来，孩子是读了唐诗三百首，不会吟诗不会文；英语更是传承了我的 Chinglish；钢琴也在我的无数次怒吼之后成了摆设，偶尔充当博古架的功能。就这样每天辗转在各类课外班或者是在往返课外班的路上，转眼间孩子到了小学三年级，在我和孩子都有些焦头烂额之际，我不禁问自己：这就是我想要的教育吗？这就是教育应该有的样子吗？与其说这是我给孩子安排的教育，不如说我是把孩子放进了资本的韭菜园。几年下来，孩子在我的"悉心"安排下，像提线木偶一样，结果是学无寸进，父子关系纠结。痛定思痛，我停掉了所有课外班。学习是终身的，更像马拉松，在于坚持。教育终究要回归校园，知识终究要回归课本。这样我也就终止了我在孩子面前的司机、助教、书童的角色，以学校教育为主，开始了我对孩子的"不管"状态。

为了改变孩子在我耳提面命下的"木偶"状态，我"蓄谋"打入孩子的生活当中。最简单、最直接的方式就是和孩子玩电子游戏。先规定每晚七点前写完作业，九点半睡觉，九点到九点半是父子电游时间。这下可好，我和孩子的关系融洽了，游戏水平突飞猛进，以至于他的同学风闻有我这样一位不靠谱的游戏爸爸，竟然把我拉进他们的游戏群，最后更是受到大神般的膜拜。我这岂止是不管孩子了，简直是放纵了。这期间孩子的作业倒是相对有效率了，为了晚上回来能和他这不靠谱的老爸娱乐，在学校时抓紧一切空隙时间写作业，让老师都错以为他是多努力，想来真是惭愧。这样一来，孩子到家连作业也基本没得写了。由此产生两个恶果：一是没有我这个书童盯着，他自己知道拿个满分作业就能把我糊弄过去，所以书写质量是一塌糊涂，让我怀疑到人类竟然有这样烂的书写方式，无奈之下，索性连他的作业、试卷的签字也全省了，实在丢不起这人，这方式确实是掩耳盗铃。二是孩子到家后有大把的空闲时间，无时无刻不缠着我，这下我真体会到熊孩子的麻烦。为了享受我的"不管"状态，每天我会找各类题目故意刁难他，既在他的能力范围之内，又需要他绞尽脑汁，耗些工夫才能准确完成，以此消耗他那貌似永远耗不尽的精力。我则独自享受着这难得的属于自己的时间。时至今日，他还会挖苦我三十六计里"调虎离山"用得最好。

虽说摆脱了保姆式的贴身管教模式，其间我还是管了孩子一件事。有一天孩子放学到家的时候，手里拿了把小号，说是学校管乐团把他选上了。我问他为什么选小号，他狡黠地笑了笑，告诉我因为乐团所有乐器里小号最轻，容易拿。听着他这似是而非的回答，回头看了看那架基本属于尘封状态的钢琴，我无奈地笑了。心想由他去吧，如果吹不出成绩，只当是消磨时间了。不觉间过了半年，孩子每天回家在自己房间练半小时小号，我也不督促，号声从声嘶力竭的近乎锅铲刮锅底的声音逐渐到了能听出曲调的程度。感觉他对小号有点兴趣，晚上父子游戏时，我就貌似无意地问了他一句："喜欢小号？""喜欢。""决定学？""嗯！"他停止了手机里的游戏肯定地答道。"那好。既然要学就要坚持，哪怕只是作为爱好，不能像钢琴那样半途而废，至少要坚持到高中。能做到吗？"他的眼珠转了转看着我说："能。""那我要提醒你一下，任何爱好成为专业课程都会经历厌烦的阶段，你可别放弃。"对于我的提醒他点了下头算是回答。

我当时的想法其实很单纯，孩子既然自己喜欢，那就要让他知道要把自己喜欢的事情坚持到底。可以不干专业，但要学得专业一些。随即我也发动自己周边的人脉找适合孩子的小号老师，培训机构的老师不优先考虑，培训机构自然是有引为招牌的优质师资，但很难排到我这零基础的孩子身上，到时候反而容易坠入到那些精通营销套路的助教老师的话术中。天遂人愿，运气使然，最终孩子跟了一位国家级乐团的首席小号学习，师生投缘的因素吧，小学毕业前考下十级（由于我对音乐一窍不通，以前一直以为十级是别人家孩子的事情，后来接触后才明白所谓十级勉强算是入门开始，玩票都算不上），时至今日还在跟着老师学习，但愿能一路坚持下去，成为他的终身爱好。

就这样我伴随着孩子既不内卷又不躺平地进入了初中。为了我进一步"不管"的目的，而和孩子进行了一番有预谋的谈话，大意是初中摆脱了小学的重复机械性为主的思维，进入抽象逻辑思维为主的阶段，对他翻译成通俗易懂的话就是：中学需要自己开动脑筋听课学习。再加上我这点知识储备勉强可以用于和他聊天，精准地回答他的课内问题是不够了。起初孩子不太适应，老下意识地问我问题，当他的问题还没有问完，我的"不知道"已经回答出来了。几次下来熊孩子只能扔掉我这根拐杖，慢慢习惯于自己独立思考问题。不久孩子又向我提及周围很多同龄人会在辅导机构把主要课程提前学习。我对他的答复是，每个孩子的情况不一样，各自要摸索出最适合自己的学习方法，简单囫囵地提前学习课程不适合你这种资质一般的孩子，与其低效地提前学习，不如按照老师的教学进度认真预习和复习。

尽说自己如何"不管"孩子了，不管不是不问，有些事情不但要过问，更要管。像每个年代处于青春期的孩子们一样，进入初中后，孩子那无处释放的精力更多的是让我感觉到他着实是个破坏力十足的熊孩子，实例不胜枚举，比如说这个年龄段的男孩子往往会根据对方的体貌，姓名的谐音，或者某些事情中的与众不同的表现来相互取外号，恶搞，当然其中大多是戏谑的成分，但往往忽略了其中的褒贬之意。一次孩子又在眉飞色舞地向我讲述周边同学的绰号时，我向他讲述了我亲身经历的一件事情。我的同学名字当中有个"纯"字，当年大家就据此谐音叫他"大蠢"，这样一叫就叫了几十年。我最初只是觉得这个绰号不好听，但又不能脱离伙伴们特立独行，我就一直叫他"大纯"，不仔细听是觉察不到二者区别的，只有当事人能感觉到。前几年我这同学向大家郑重表示大家以后不要叫他"大蠢"了，都已经为人父母，再频繁叫这种具有贬义的绰号既体现不出亲昵，反而更多的是感觉不尊重。自此以后只有我依旧"大纯，大纯"地叫着，周围人分辨不出其中的区别，但大纯本人还很享受我对他的称呼，大家很是诧异。孩子一边听着一边收起了眉飞色舞的表情，我进而讲道，同学之间的交往以尊重、真诚为先，当对方充分感受到了你的尊重和真诚后，彼此间开些无伤大雅且适度的玩笑是可以的，否则容易过而不及，伤及同学间的情谊。看着他若有所思的样子，我暗自思忖，但愿这熊孩子以后会真正懂得对周围人出自真诚的尊重不仅仅是教养，更是与人相交最简单、成本最低的方式。

不着边际地讲了讲和孩子相处中的点滴事情，尽量把其中的挫败感描述成"过五关，斩六将"，更不乏难以反转的"走麦城"，权当是对孩子初中生活的记忆吧。

京源学校　王筱芃爸爸

新环境，"心"沟通
——初一学生亲子关系的构建策略

初一年级的孩子，已经经历了十二三年的成长过程，他们的很多故事已经写就，作为父母，越是面对新的环境，越是应该敞开怀抱给孩子更多的接纳和爱护，同时，父母也应给予更多的指导。在这个到处充斥着"鸡娃""内卷"的社会里，能托举孩子走向更高远的未来的，是他们的家庭，是来自家庭成员间无条件的爱与信任、理解与沟通。

热播电视剧《少年派》中曾有这样一幕：母亲王胜男把女儿林妙妙送去住校的第一天，自己扒在校园铁栅栏外千叮咛万嘱咐，回到家更是坐不住了，担心孩子吃不好睡不好，甚至要求女儿每天必须打电话报告日常状况。这样把自己全部精力都放在孩子身上的家长，在我们的日常生活中并不少见，我们总会感叹，并不是孩子离不开父母，反而是父母离不开孩子。

孩子升入初一、进入新的学习环境，很多方面都在悄然发生着变化，父母会发现，孩子有些时候不再像小学那样"需要"自己了，好像一夜之间就长大了，这时的孩子往往容易和家长发生亲子冲突，在很多家长看来，是"孩子青春期到了，不听话了"。孩子成长了，家长们却开始焦虑甚至恐慌，于是我们在平时的工作中，经常听到家长抱怨自己管也不是，不管也不是，遇到老师反馈孩子出现的问题，家长们往往会无奈地说上一句："老师，他正处于青春期，我们不敢太管。"

我们究竟应该如何面对新环境中的孩子呢？如何与青春期的孩子进行沟通？在此，我与大家分享几个观点。

做孩子的"引路人"，而非"指路人"

按照埃里克森的人格发展理论，进入青春期的孩子，正面临着"自我同一性与角色混乱"，他们对于自己在乎的事情极其敏感，有很强的自尊心，之所以前面提到家长会有"不敢管"的忧虑，说到底还是害怕管教不成，反倒失去了孩子的信任。对孩子而言，此时的他们正处于迷茫的时期，自己和家长发发牢骚，没有换来家长的理解或是正向引导，反而收获了自己最信任的成年人的"不作为"，这对孩子而言，未必是好事。我们建议家长，还是要去管孩子，不能因为"怕"而失去和孩子交流和交换意见的机会。

小未（化名）和妈妈一起生活，妈妈是作家、职业规划师，在工作中风生水起，但唯独"怕"自己的儿子。小未从五年级起就不吃妈妈做的饭了，每天放学自己去必胜客吃晚餐、写完作业到了很晚才回家。他的房门上锁，妈妈平时进不去。升入初中后，用妈妈的话说，"孩子的独立意识更强了"。每次妈妈都是悄悄观察孩子的变化，然后私信班主任，末尾还一定忘不了加上一句："老师，您可别说是我说的。"但是深入接触，老师眼中的小未其实是一个很渴望爱的孩子，他渴望和成年人沟通，老师给的建议也都会接受。之所以会出现两种截然不同的状态，小未说："因为妈妈工作忙，自己早上起床时她还没醒，晚上回家后她又没下班，好不容易有机会和她说句话，也总是被'建议'做这做那，久而久之，也不想和她说什么了。"可见，妈妈的小心翼翼其实是有原因的，因为她没有给孩子需要的爱与信任，所以随着孩子年龄的增长，自然也就对给予孩子必要的爱与教育望而却步了。

我们说青春期的孩子同样需要管，但"管"孩子也要有度，并不是凡事代办、铺好道路就是"管"。我班上有孩子的父母是双博士、是大学教授、是社会上的名流和成功人士，他们中的一些人，喜欢给孩子规划人生道路，好像孩子如果不按照他们制定的路线发展，前途就会一片渺茫。殊不知，做青春期孩子的家长，最重要的是给孩子规划好人生大方向，而不是让他亦步亦趋踏着自己的脚印去走。小安（化名）的父母都是医生、博士，平时工作很忙，因此小安从小就和奶奶一起生活，奶奶对他的照顾可谓无微不至，以至于上了初中，小安还不会自己收拾书包。升入初中后，小安的父母开始关心孩子的学习生活，发现孩子竟然和同龄人有很大的差距，于是把责任一味归咎为奶奶的宠溺，带着小安搬离了奶奶家，开始真正管理小安的学习生活。父母本以为小安可以从此走上一条"正确"的道路，没承想，小安的成绩依旧徘徊在班级底层，而且开始叛逆，拒绝父母在学习上的指导，当他妈妈和我转述孩子在家一言不合就与父亲开战的场景时，我简直不能想象，文文弱弱的小安也能有如此强的爆发力。在和小安妈妈沟通后，我们还是觉得对于小安过去的成长环境，不能"一刀切"，而且应该多去关注小安的其他方面，多方面看到孩子的发展，比如小安的体育就非常好，可以在这方面加以发展。如果我们一味要求孩子按照自己规划的路线行进，而忽略了他们本身的与众不同，可能就会适得其反。最终，小安没能考上高中，去学习了自己喜欢的与体育相关的专业，他的父母、奶奶也慢慢接受了孩子的成长变化。

做孩子的"知心人"，而非"掏心人"

每个家长都渴望做孩子的朋友，渴望得到孩子的信任。其实，这种信任的给予与获得都是相互的。

我们班上有的孩子从初一到初三一直和家长共用一个手机收发消息，几乎没有发生过任何信任危机，而有的孩子手机上锁、日记上锁，甚至房门都上锁，但仍然锁不住老妈的好奇心，亲子大战总如箭在弦上、一触即发。为什么会有这样截然不同的两种情况呢？是不是和家长共用手机的孩子就是透明人、没有一点儿自己的隐私呢？我专门问过这些孩子，他们的家庭环境不尽相同，但是大家的共性就是在成长过程中，家庭氛围十分民主平等，大家都是有一说一，不会藏着掖着。因此，孩子无论在学校遇到什么事情，都会主动和家长说，从家长的角度讲，没有什么查看孩子隐私的必要，因为学校里的事情，孩子大都已经和自己说了。而越是宣扬所谓"人格独立"的孩子，其实内心越是对亲子关系充满不确定性。因为不信任自己的爸爸妈妈，所以不愿意让他们了解自己更多的事情。

小李（化名）的妈妈是中学老师，为了孩子能有个好的学习环境，从远郊区县搬到了核心区，自从来到了核心区，小李和妈妈之间的战争就没有停息过，小李和妈妈更是双双患上了抑郁症。小李的妈妈说孩子不敢面对自己，选择用游戏来逃避，她也承认自己进入了"怪圈"，因为看到的优秀孩子太多，所以对自己的孩子过分苛责，总是想方设法为孩子创造好环境，自己付出了太多，却得不到应有的回报。而孩子爸爸更是对孩子恨铁不成钢，孩子第一天上网课，就因为课上要去厕所被爸爸当场捉住，引发家庭大战，导致孩子直言"我不上学了"！这样的家庭氛围让彼此都很崩溃。从孩子的角度，小李也知道自己惰性太强，但是妈妈每每"掏心掏肺"痛说自己的"血泪史"，给他带来了太大的压力，他只能在虚拟世界获得暂时的清静。

父母为了孩子的成长倾注全力无可厚非，不过过度强调自己和孩子这一切的来之不易，很容易让孩子产生挫败感和罪恶感，往往适得其反。孩子并非不理解父母，只不过每个孩子性格不同，对爱的表现也就不尽相同。父母更应该去了解、相信自己的孩子。

小飞（化名）是年级里学业成绩数一数二的学生，中学六年都是如此，最终以理想成绩考取了一流大学。但在回学校看老师的时候，小飞却直言自己上了高中以后，每晚上自习到11点，坐公交一个小时回家，就是为了不与母亲见面。小飞的母亲对孩子付出了很多，自从小飞出生，她就一直没有出去工作，在家专职照顾孩子，她相信棍棒底下出孝子，小飞回忆说，初一的时候母亲怕他学坏，经常趁他不注意翻看他的书包、日记，别的家庭休闲时刻的聊天，他不是在上课外班就是被母亲"逼问"班里发生的事情。小飞从初一到初三，对母亲都是言听计从，他说："以前年纪小，不敢反抗，后来长大了，也知道母亲不容易，不忍反抗，只能自己躲出去。"上了大学后，我问小飞是否与母亲的关系有所缓解，小飞说："现在功课很忙，一个月回家一次，也就没什么顾忌了。"小飞母亲的心理我特别理解，尤其是对于男孩子，家长总有一百个不放心。虽然父母的严加管教成就了小飞的学业水平，但也在无形中伤害了亲子关系。

可见，对于进入新环境中的青春期的孩子，家长应该给予更多的理解与体谅。

和孩子一起打败困难，而非和困难一起打败孩子

升入初一，孩子在学业成绩、时间规划、人际交往等方面都可能出现困难，这时候，做家长的应该和孩子一起打败困难，而非和困难一起打败孩子。

我曾经在班级中做过一项调查，孩子最不爱听家长说的一句话，40个孩子，87%都选择了"怎么人家都能如何如何，就你不能"。如果我们仔细分析，这句话之所以让孩子不爱听，就是因为说话人的立场是站在孩子的对立面。进入初中的孩子更加敏感，因此更需要我们的同理心。小张（化名）是我的一个学生，他小学成绩不好，因此多次被老师阻拦参加乐团活动，并且直言他"也就上个职高"，这让小张对老师存在抵触心理。他曾在道德与法治课上评价自己和老师的关系："20%属于能说

得上话的，80% 是敌人。"为了走进这个孩子，我多次和他谈心，当他出现不配合甚至顶撞老师等问题时，我没有先从班主任角度批评他，而是努力站在他的角度去考量他的心理，让他先放下自己内心的成见，我们再谈遇到同样的情况下次应该怎么办。同时，我也和他妈妈多次沟通，学校心理老师介入他们的家庭问题，帮助他们家庭正视目前孩子学习和人际交往上遇到的困难。两年的时间，让小张慢慢学会了和自己和解，也让他的家长学会了如何与孩子站在统一战线上去应对困难。

有时候，孩子越是学习成绩不好、行为习惯不佳，家长越是着急，也越容易站在孩子的对立面去指责孩子，殊不知，这样的效果往往适得其反。

小吴（化名）的学习成绩不算理想，但是她性格特别好，家庭氛围也总是特别和乐。她早早立下志向要做一名护士，中考前，她通过面试被某职业卫生学校录取，这个结果让她和家长都很满意。小吴妈妈给我最深刻的印象就是始终和孩子站在一起，小吴成绩不好，爸爸妈妈并没有因此责怪她，而是和她一起分析客观情况；当发现孩子的兴趣点不在学习上时，及时帮她找到自己擅长的方面。因此，小吴虽然也常遇到学习上的挫折，但没有因此而气馁，更没有影响亲子关系。

初一年级的孩子，已经经历了十二三年的成长过程，他们的很多故事已经写就，作为父母，越是面对新的环境，越是应该敞开怀抱给孩子更多的接纳和爱护，当然，孩子的成长离不开父母的言传身教，关键时刻，父母应该给予孩子指导，只要这种指导是真正为孩子考虑的，就不用有太多顾虑。在这个到处充斥着"鸡娃""内卷"的社会里，能托举孩子走向更高远的未来的，不是课外班、不是名师，而是他们的家庭，是来自家庭成员间无条件的爱与信任、理解与沟通。

北京市第十五中学　阎菲

用心交流，用爱陪伴

父母是孩子的第一位老师，而交流沟通是亲子间解决问题和相互了解的最好方式，在交流中，可以促进孩子学习上的提升；在交流中，可以培养孩子的品性；在交流中了解孩子想法，做开明的家长。家长也可以主动和孩子分享自己的想法和烦恼，从而获得一些从孩子角度提出的见解，这样的话，家长便可以和孩子们一起成长，共同进步！

父母是孩子的第一位老师，也是孩子做人的楷模。如果说学校教育是左手，那么家庭教育就是右手，只有左右手臂一起张开，才能托起孩子的教育。

一、在交流中，促进学习上的提升

望子成龙、望女成凤是每一名家长对于孩子的期盼。作为一名教育工作者，我更是对孩子的未来充满了无限的憧憬。为了让她达到我的要求，我对她很严厉。在学习上，曾经也是个"说一不二"的强势家长。但是随着孩子年龄的增长，我发现必要的沟通交流才能更好地了解孩子的内心，站在他们的角度考虑问题并对错误想法进行引导，才能使他们健康快乐地成长！特别是在学习成绩这方面，上了高中以后，相比小学的"不上进"现在更多的是她太在意分数，给自己的压力太大，经常会在考试之前焦虑或者烦躁，这个时候，我会停下手里的工作，耐心地去倾听孩子的想法。因为我放下了姿态，不再像以往那样强势，孩子也愿意把心里话讲给我听。在交流的过程中，对于她那些不太正确的想法我也不会上来就否认，而是让她把话说完，平心静气地和她一起去分析原因。在考试过后，我们也都会坐在一起总结一下上学期的得与失，并根据自己的情况制订下学期的计划。就这样，在互相的建议和沟通中完善彼此的规划。在和闺女的交流中我也收获了很多。

相比小时候刚开始接触规矩的懵懂，孩子上了高中以后都有自己的想法和规划，对于世界也都有自己的认识。这时作为家长的我们应该从一个"说教者"变为一个引路的"同伴"，将孩子当作一个朋友去相处，尊重她的想法同时也用自己的故事或者经验对她错误的观点给予指正。长此以往，亲子间的矛盾也会越来越少。

二、在交流中，培养孩子的品性

兴趣是最好的老师。闺女从 4 岁开始学习舞蹈。每次去上舞蹈课都是她最快乐的时候。但一次意外，改变了她的想法，她想放弃了。四年级的时候她要考舞蹈十级，我给她报了独舞培训班。培训班的老师比较严厉，课程内容难度也很大，她崩溃了，在上课期间多次哭着让我给她退班，说不想再上了。看着她每天因为独舞课担惊受怕，我很心疼也想过放弃，但我觉得如果我这次心软，让她放弃了，下次再遇到类似的事情，是不是也要放弃呢？于是，在她情绪稳定的时候，我们坐下来一起聊了聊这件事。因为在报班之前，我征求过她的意见，我也提前告诉过她，独舞课不同于大课，老师的要求肯定会更严格，问她能不能承受。当时，她的回答是"没问题"，她想有一个自己的作品，对自己这么多年的舞蹈课程有个交代。所以，事先已经说好了，她也答应了，不能因为一点点挫折就放弃了。如果这次，我答应了她的请求，那下一次呢，再遇到其他事情呢？不能一遇到困难就放弃啊。听了我的话，闺女也说了自己的想法，她决定继续完成余下的课程。前几天闺女看到了当初独舞老师的视频，跟我说她终于明白当初老师为什么要对他们一群小孩那么严格了。

三、在交流中了解孩子想法，做开明的家长

对于参加学校的活动，我也一向都是尊重她的意愿，表明"不耽误学习就可以"的态度，同时也鼓励她追求自己的兴趣和理想。在她有迷茫困惑和我分享的时候，我也会站在她的角度为她提一些建议。从小时候帮她设计朗诵手势到长大了给她录像、放音乐，对于孩子的热爱给予最大的支持和肯定是我会一直坚持的事情。同时孩子也会跟我说很多排练期间发生的小事，我也在这些故事中了解了现在孩子们的流行语或是想法，缩小了我们俩之间的代沟。

沟通不仅是孩子对我们，我们也要主动和孩子分享自己的想法和烦恼。工作生活上遇到压力大的时候，我也会主动去跟她说，孩子也会用她的视角看我遇到的问题并给我一些她的见解，而这些见解也让我收获了很多。老师与学生之间有"教学相长"，其实家长与孩子之间也是如此，以学习的心态去面对他们会收获更多。

交流沟通是亲子间解决问题和相互了解的最好方式，也希望我能和各位家长共勉，和孩子们一起成长、共同进步！

京源学校　丁佳蕊妈妈

与青春期的孩子成为朋友

和孩子相处，需要"平等对待、适度放手、尊重隐私和妥善引导"。只有这样，孩子才愿意和你分享其所见所闻，愿意和你说悄悄话……

很多朋友和同事都知道，我和我们家吴靖尧，是好朋友。平时一起去旅行，一起看演唱会，一起逛博物馆，一起追综艺，我们不仅分享阅读的书籍，聆听的音乐，还共享着衣服、背包，甚至各种会员账号。很多家长和孩子都羡慕我俩的相处方式，说我们更像姐妹，她愿意跟我分享她的所见所闻，愿意和我说悄悄话，也愿意把想法告诉我，也不是十分介意我知道她的"小秘密"。

然而，哪个孩子没有青春期？一个十多岁的花季少女，有着敏感细腻的情感和对未知的憧憬，也有对初接触社会的茫然，更有对自尊心、个性和隐私的守护，三年前，我们也曾"鸡飞狗跳"。有一天她说要考考我，看她在英语课中拼错的"研究"这个单词我会不会拼，在我告诉她是"research"，并且详细说明每个音节为什么这样拼写的时候，她突然大哭，并且向我大喊"你知道就行了，这并没有什么可炫耀的"！原来在我喋喋不休的同时，她的自尊心受到了强烈的刺激，认为我是在炫耀，而不是在给她讲解，我才意识到她已经长大，敏感而脆弱的青春期到来了，我们与她的交流，不能再用说教的方式。回到家，我和她爸爸开始慎重对待她的青春期，我们更换了和她相处的方式，总的来说，就是"平等对待、适度放手、尊重隐私和妥善引导"。

平等对待是不再把她当作小孩子，鼓励她发表自己的看法，在和我们的看法不一致时，不急着否定她，不要求她对我们言听计从，更不会说"小孩子不懂别问"这样伤害自尊心的话。有一次我看到一条关于年少成名的明星吸烟的微博热搜，问她是怎么看待的，她从不应在公共场所吸烟、吸烟有害健康、偶像应树立榜样、不经允许偷拍违法、粉丝应理性追星等好几个方面都说了自己的看法，还给我发了一篇她的"小作文"，洋洋洒洒几千字，我在惊讶她成长的同时，更确定了我们的方法没错。现在，她看到我们生病了，会主动关心，承担一定的家务，看到他爸爸在批改试卷，会帮忙计算成绩，她觉得自己是这个家庭的一分子，而不是我们的附属。

适度放手是不再所有的事情都盯着她做，让她在学习和生活中，小事尽量自己做决定，遇到大事的时候，用讨论代替安排。在小学阶段，我们给她报了很多兴趣班，她的课余时间被大量地占用了，上了中学后，她非常正式地跟我说，学校的教学能够满足学习需要，她保证能充分配合老师的授课，认真听讲并课后练习，不上兴趣班成绩也不会下滑。我们认真考虑，认为孩子有对自己的判断，应该支持她的决定，就取消了所有的兴趣班，现在她每天的休息得到了保证，而她也变得越来越自律，自己安排作息，成绩也没有很大的起伏，每次说起这件事，她都会开心地对我说："妈妈你应该早点相信我。"

尊重隐私是给她充分的个人空间，不以家长的身份施压。

从她三年级起，我和她爸爸就不再翻看她的笔记本，鼓励她自己完成作业，自己收拾书包，她写的作文、心得体会和记录，我们也尽量不评头论足。有了手机以后，我们让她自己规划使用零花钱，在告诉她正确使用各种软件、交友底线和消费观念的要求之后，不再查看她的聊天记录、浏览记录。我们更多地鼓励她、分享她的想法，告诉我最近有什么好看的电影，邀请我学唱她们喜欢的歌曲，分享她发现的有趣的书籍，她感受到了我们对她的尊重和理解，就会敞开心扉向我们诉说她感到的困惑，向我们求助她遇到的困难。

妥善引导是主动了解这个年龄段孩子们关注的热点，以此增加共同语言，从而将孩子的世界观引导到正确的方向。现在的孩子们，处在知识爆炸、信息爆炸、科技发展迅速的时代，我们认为很多事务宜疏不宜堵。现在的孩子爱看综艺节目，我就引导她看《大侦探》，从每期节目的主题，引申到社会的热点，比如怎么看待大学生贷款，比如怎样看待饭圈文化，比如怎样正确对待校园暴力等，引导她获得积极面对困难、努力提高自身的正能量；我们也会上网冲浪，学会了 yyds、zqsg 这些年轻人经常用的字母缩略语，去她喜欢逛的微博超话，关注她们的话题，回到家用她熟悉的词汇沟通交流，她会觉得爸爸妈妈和身边的同学一样，和她在同一个频道。

吴靖尧经常说，我们都很幸运，她有理解她、体谅她，并且愿意陪伴她、鼓励她的父母，而我们也有一个独立思考，温柔贴心，大方可爱的闺女，以后的成长路上，我们还将并肩行走，我们期待她的未来，会更美丽地绽放。

京源学校　吴靖尧妈妈

做陪伴孩子健康成长的好父亲

一个父亲的作用力胜过一百个老师，父亲在孩子教育中的缺席，不仅不利于孩子身心的健康成长，也不利于亲子感情的沟通，所以父亲要克服角色缺位，承担起家庭育人的职责，做一个合格称职的父亲。父亲应做孩子理想的助梦人，做孩子学习的引路人，做孩子运动的好伙伴，做孩子心灵的好伙伴，做孩子成长的欣赏者，促进孩子的成长和进步。

论语有云："父在观其志，父没观其行；三年无改于父之道，可谓孝矣。"可见父亲是家庭的重要成员，是孩子教育中不可或缺的重要角色。随着现代社会的快节奏生活和职场竞争压力的增大，很多父亲因为忙于工作，而没有时间过问孩子的教育。家庭教育，就成了母亲单方的责任。在中小学召开的家长会上，在学校家长委员会的人员里，母亲占绝大多数。无论在家庭中还是在学校里，父亲成了长期"缺席"的角色，但是父爱的重要性在孩子的心目中无可替代。一个父亲的作用力胜过一百个老师，父亲在孩子教育中的缺席，不仅不利于孩子身心的健康成长，也不利于亲子感情的沟通，所以父亲首先要克服角色缺位，承担起家庭育人的职责，做一个合格称职的父亲。

高中阶段是人一生发展的重要时期。思想方面，高中阶段是一个人世界观、人生观和价值观逐渐形成的关键时期，此时的孩子会逐渐形成自己与人交往的能力；学习方面，高中阶段是搭建大学时期进行专业学习的基础，是学习习惯培养的最佳时段；身体方面，高中阶段的孩子正处于青春期，是生长发育的第二个高峰期，从身体健康到心理健康都需要家长的悉心呵护和精心引导。在孩子进入高中后，父亲的作用力至关重要，因为随着年龄的成熟，孩子逐渐摆脱了母亲给予的"精神哺乳期"，要在生活各方面体现出"成熟"和强大。此时孩子最需要的是父亲理智的建议、身体力行的示范和宽厚的包容。

父亲关注孩子的身体和心理的发展，要注意从以下几个方面入手，从而促进孩子健康成长，收获和谐融洽的亲子关系。

一、做孩子理想的助梦人

孩子升入高中后，会不断地面临自主选择的情境，是机会也是挑战。从选修课到社团活动，从走班选科到未来的专业填报，丰富的学习平台给学生们提供了锻炼各方面能力的机会，但面临如此众多的选择，很多孩子会感到手足无措和举棋不定。尤其是高一结束后的选科，它和报考大学所学的专业，以及未来职业的选择有着直接关系。如何科学合理地选科是每个高一学生都要面对的选择，这需要家长给予指导和帮助，而此时父亲的意见很重要，父亲可以结合自己的专业背景和社会阅历给孩子提建议，父亲的意见应是全家最理想和最客观的指导。那么，父亲如何为孩子把握发展方向呢？这就必须充分了解孩子的兴趣。兴趣是学习最好的老师，成功的最重要因素是孩子的内在兴趣。父亲要清楚自己孩子的学习优势与劣势，因材施教地给孩子提出指导性建议。当然，提建议也一定要尊重孩子自己的想法，毕竟孩子自己才是学习的主体。父亲要学会尊重孩子的想法和选择，切忌主观臆断和简单粗暴，不能把孩子当成实现自己理想的替身，而忽视孩子自己的想法。父亲应该成为给孩子把握人生方向、实现人生理想的助梦人。

二、做孩子学习的引路人

父亲对孩子学习的帮助应该是责任担当的引领，一味地督促和说教往往会适得其反地加重孩子的逆反心理。父亲作为家庭中担当责任的重要角色，是家庭的脊梁，是孩子学习的榜样。父亲要学会唤起孩子的责任感，明确学习活动的责任主体更能激发孩子的主观能动性。学习是孩子在学生阶段的主业，求学阶段努力学习是为了长大之后能够更好地报效祖国，承担起家庭和社会的责任。父亲应该引导孩子主动学习，让他们明白学习是自己的选择，通过学习可以看到更广阔的世界、承担起更大的社会责任。父亲也可以结合自己的专业、职业和阅历，给孩子介绍科学合理的学习方法，搭建理论通向生活的桥梁。同时还要给予孩子适当的表扬和鼓励，和孩子一起面对学习的压力和挑战，做孩子学习的引路人。

三、做孩子运动的好伙伴

高一学生正处于身体生长的重要阶段，适当进行体育运动不仅有助于生长发育、增强身体素质，而且可以磨炼意志品质，缓解学习的压力。如果父亲肯花心思去琢磨孩子的身心成长究竟需要什么帮助，如果能够及时地陪伴和引导自己的孩子，那么这个父亲一定就是位称职的父亲。

陪伴是最好的教育。这样不仅能建立亲密的亲子关系，还能激发孩子的创造力。父亲可以结合孩子的兴趣爱好，和孩子一起商量运动的项目，比如跑步、游泳、打球等，这不仅让孩子的身体得到了锻炼，还在无形之中培养了孩子的运动习惯，增强了孩子的意志力。

四、做孩子心灵的陪伴者

人们常说"父爱如山"，更多的是指父亲肩上承载着全家生活的重担，父亲给孩子最直接的影响就是对家庭的担当和责任，对家人的关爱和保护。但是父亲对孩子的关爱和保护不能只停留在物质层面，还应触及孩子的灵魂深处，要用父亲的坚韧、顽强的人格魅力和责任感影响孩子心灵。高中阶段是一个人世界观、人生观和价值观形成的关键时期。孩子升入高一后，开始逐渐形成自己待人接物的想法，心理也逐渐趋于独立。父亲要因势利导，面对孩子要求独立的想法要客观冷静地分析和应对。无论多么听话的孩子，也都有叛逆的时候。当孩子进入叛逆期后，孩子的行为处世不尽如人意。孩子的某些举动往往会让家长很气愤，甚至火冒三丈。但这个时候父亲则需要保持理性，要学会冷处理，学会耐心地引导。父亲要做的是动之以情、晓之以理，只有放下架子，学会换位思考，才能真正走进孩子的内心深处，了解孩子真实的想法，对症下药地帮助孩子解决思想困惑。做一个善解人意的父亲，做孩子心灵的陪伴者，才能真正陪伴孩子度过青春期，给孩子的健康成长以指导。特别是在孩子成长的特殊时期，爸爸不缺席，孩子就会感受到父亲的关爱和注视，同时也会有安全感。所以父亲应该尽可能地创造条件，出席孩子的家长会、表彰仪式、毕业典礼等重要时刻，做个"不缺席"的父亲，让孩子感受到父亲的心灵陪伴。

五、做孩子成长的欣赏者

人们常说好孩子是夸出来的。父亲要善于发现孩子身上的优点，不放过任何一次鼓励表扬孩子的机会，不要吝啬表扬的话语。升入高一后，学习科目的增多，学习难度的增大，让有的学生有手忙脚乱的状况，表现为不适应高中的学习要求，考试成绩不理想，孩子本人会沮丧和气馁。面对这种情况，父亲要学会全面地辩证地分析，善于发现孩子的点滴进步，切忌把注意力仅仅集中在学习成绩上。孩子的成长是全方位的，既有身体的发育，也有知识能力的增长，还有待人接物等社交能力的成熟。父亲要做孩子成长的欣赏者，要适时地表扬和鼓励孩子，为孩子树立自信心。积极的心理暗示，可以激发孩子的潜能，增强自信心，有利于增强孩子抗挫折能力，可以更好地面对学习压力，战胜学习道路上的各种困难。

总之，做一个合格的父亲并非易事。都说父爱深沉，是一种默默无闻、寓于无形的感情，但是在孩子的成长过程中父亲的陪伴、榜样的作用、适时的指点，甚至及时的批评，都是对孩子最有效的帮助。高中阶段是孩子青春期最躁动的时期，做好高一学生的父亲更需要爱心和耐心，要在充分理解和尊重孩子的基础上，陪伴孩子过好每一天，在生活的点滴小事中促进孩子的成长和进步。

北京市第二中学　冀红杰

做尊重孩子的家长

　　在孩子的成长之路中，家长要懂得尊重孩子的选择。面对孩子在学习中遇到的困惑或挫折，家长们能做到的就是陪伴，在他顺利时陪他欢笑；在他受挫时陪他站起身来勇往直前，只有这样孩子才能茁壮成长。

在我很年轻的时候就比较关注教育的话题，如果说孩子的良好成长与我在教育方面的倾注有一定关系，那我首先要感谢前人的教育经验对我的指导。

下面这些话对我有过深刻的启迪：

姐姐告诉我，孩子一定要自己带！

父亲说，葫芦吊大，小孩哭大。不能孩子一哭就什么事都依着。

母亲教我，每个孩子的性情不一样，不能拧着来，要因人施教！

爷爷说，小树儿要砍，小孩儿要管。要教给孩子怎么做，别总嚷孩子！

成功人士说，学外语要和学说话一样，一出生就要营造双语环境。

教育专家说，好孩子是夸出来的！棍棒下不仅不能出孝子，反而容易产生暴力。

在陪伴孩子成长的过程中，我几乎把工作以外的时间精力全部投入孩子教育。20年来，我和孩子一起学习，一起成长。我借助唱儿歌、讲故事、玩游戏、看电视节目、阅读书籍、旅游等方式，潜移默化地培养她的兴趣爱好，有意识地引导她的学习习惯。在参观游玩的过程中有意识地交流后续学习中涉及的各方面知识，用故事或自己的经历帮她树立自信，战胜困难。孩子用她的语言、神情、行动，对我们表达她的反对、接受、坚持，或是质疑，感受到孩子不同的反应，促使我进一步学习和思考孩子行为背后的想法。大家都说，父母是孩子的第一任老师，而我却感觉，是孩子引导着我、教会了我如何做母亲！因此，我非常感谢孩子，她让我拥有了一次人生成长的机会。"家长"也是需要通过学习—实践—再学习—再实践，不断总结、完善的。

陪伴是对孩子最好的爱。记得曾经有一位教育家说过，我们表扬孩子不能只用一句"你真棒"或"真聪明"等不确定的词语，而是要对孩子某方面的表现有针对性地进行表扬，比如说，"你的想法很巧妙"或是"你的字写得很漂亮"，这样孩子就清楚自己被表扬的原因和今后的努力方向。所以，陪伴才能使我们对孩子充分了解，并恰当地对孩子进行表扬；陪伴才能使我们在孩子需要帮助的时候给予有效的指导。虽然自己带孩子比较辛苦，但只有充分了解孩子，才能因人施教，才能在探索孩子教育过程中不断积累和提高。

在学习方面，孩子自己知道努力，我们便不给她更多的压力。在考试没有考好或遇到挫折时，作为家长，我懂得换位思考。我记得自己在上学时就不是那种特别聪明的学生，因此，在孩子的成长过程中，我经常用自己的感受帮助孩子度过学习中的困难和低谷，耐心帮助孩子分析原因，让孩子从内心感受到理解和支持。

记得孩子刚上初一时数学作业经常有一半左右是红杠，心里非常着急。因此我就看着她做数学作业，看她到底哪儿不会。但是由于方法不得当，她刚写下一步，我就在旁边说"不对吧"！她马上擦掉，然后愣一会儿再写。我一看还是不对呀，心想，怎么这么简单的题都做不对呢？尽管说话时我尽量压着心中的焦虑，但还是被孩子敏感地察觉到了。然后，孩子跟我商量说："能不能等我做完了再给你看呀？你看着我太紧张了"。我一想，也是！孩子刚上初中还不适应，她自己肯定也着急，于是安慰她说："好吧！那你先看看例题再做作业。"由此，我感到帮助孩子也要讲求方法，切不可盲目担心和操之过急，剥夺了孩子独立思考的时间。在检查孩子作业时，我努力做到不用"马虎""不认真"给孩子下定义。我坚信在马虎的背后一定隐藏着孩子对某个知识点没掌握或不能灵活应用的问题。对自己掌握比较清楚的问题，我们经常和她一起分析探讨其中的道理。当孩子对自己的成绩感到不理想时，我们总是鼓励她不必过于在乎分数，重点是通过作业和考试发现自己哪些问题还没有掌握，告诉她从听懂到会做，再到会给别人讲题，是对知识掌握熟练程度不断深入的客观规律。批评不是目的，把错的搞明白，引导她主动进行自我检验，把知识掌握牢固才是目的。当孩子在某方面受到表扬或学到新知识和我们一起分享时，我们也会认真地倾听并和她一起讨论或恰当地给予肯定。

尽管每个家长都期望自己的孩子非常出色，都有自己对孩子未来的设想和安排，但我们不能把自己的想法和要求强加于孩子，更不能拿别人家孩子和自己的孩子做比较。初中有段时间，孩子对学校跑操非常有意见，回家和我抱怨说他们班每天都比其他班跑得多，其他班都不跑了老师还故意罚他们多跑。我帮她分析说，估计你们班有的同学没好跑，或者跑得没其他班跑得快，害得大家一起被罚。不过，换个角度想，这也是个好事儿。你体育不是很好，让你们班多跑就相当于给你找了锻炼的伙伴，省得你自己加练了。用孩子能够接受的方式交流，用自己的经历和身边的故事引导孩子自觉思考，对她的选择给予支持和鼓励，使孩子健康快乐成长。

记得中考前孩子高兴地告诉我，有几位初中老师可以跟她们一起直升高中，继续带她们到高中毕业，所以在中考前孩子主动选择了直升本校高中。但当知道孩子中考超常发挥，我却对没能选择进入令人羡慕的重点学校而感到遗憾，甚至找到老师提出取消直升，让孩子选择更好的学校。在去学校之前，我和孩子就这个问题已经进行了交流，孩子说她之所以能超常发挥就是因为认准了能直升京源的高中，考试淡定不紧张才取得高分的。我的顾虑是，孩子有能力上更好的学校，家长如果不帮她争取一下，可能会使孩子失去一次进入理想大学的机会。带着内心的不甘，我找到班主任老师进行沟通，通过对孩子特点及个体情况的分析，权衡"留下"与"走出去"对她的利弊，最终决定尊重孩子的想法选择在京源学校读高中。

孩子进入高中后，我更加感到选择留在京源学校的高中对孩子是非常有利的，选择好学校不如遇到好老师；帮孩子选择不如让孩子自己选择。2017年是高考改革第一年，在高中选科时，我们建议孩子尊重自己的意愿，累并快乐的学习才能持久。最终孩子选择地理、历史和物理作为选考科目。学校无愧于"为孩子的终身发展和一生幸福而工作"的办学理念，完全尊重了孩子的个性化选课需求。高中三年，孩子在自己喜欢的学校里学习自己喜欢的学科，和自己喜爱的老师、同学一起拼搏努力，不仅保持了积极乐观的学习动力，而且各科都取得了稳定而优秀的学习成绩，更收获了同学六年的师生情谊。

如今孩子在中国人民大学学习，她仍然是积极向上、稳稳当当，有自己的想法，也有努力的行动。作为家长我对自己一路对孩子的陪伴还是很自豪的，对孩子的成长是很欣慰的。我想，正是因为我的努力学习，才使得自己在"做妈妈"的路上比较顺利；正是因为我懂得尊重孩子的选择，才使得孩子每一步都走得很实在。在孩子成长的道路上，每一个做家长的内心都会有忐忑和担忧，我想我们能够做到的就是陪伴孩子，在她顺利时陪她欢笑，在她受挫时陪她站起身来勇往直前。作为过来人，我希望京源学校中学生的家长一同陪伴孩子的成长，相信您比我做得更好！

京源学校　陈婕妈妈

当二胎遇上青春期

　　如今，二胎家庭越来越多，相比起独生子女家庭，二胎家庭出现了许多新的矛盾，孩子之间的血脉亲情与同胞竞争错综复杂，如果这时老大正步入青春期，矛盾就更加复杂。作为家长既无须焦虑，也不能放羊，应不断学习，用心观察，尽可能地帮助孩子化解心结，健康成长。

如今，二胎家庭越来越多，相比起独生子女家庭，二胎家庭出现了许多新的矛盾。老大的"小皇帝"的地位受到威胁；而老二出生后，随着认知的提高，无限渴望超越已得宠的哥哥姐姐，血脉亲情与同胞竞争错综复杂。如果这时的老大正步入青春期，多种因素的叠加，矛盾就更加复杂，问题更加棘手。

乖乖女变身暴躁少女

初一入学时的姗姗乖巧安静，做事情井井有条，在与老师同学的相处中也宽容有度，落落大方，学习成绩中等偏上，是一个让人省心的孩子。初一下学期，老师发现，安静的姗姗似乎多了一丝忧郁，对学习和班级的事情也少了些热情。老师想试探着了解姗姗是有什么心事。姗姗非常敏感，及时"承认错误"："对不起老师，我最近状态不好，我一定努力学习。"老师联系姗姗妈妈了解情况。姗姗妈妈似乎找到了可以倾诉的对象："老师，您不问，我也不好意思直接跟您说，姗姗要面子，怕她知道了跟我急。您也发觉她不对劲儿了是吧，最近在家里总是情绪不好，老是莫名其妙的发脾气，以前不这样啊，是不是进入青春期了。"就算是进入青春期叛逆，也是可以寻根溯源的。经过与姗姗妈妈多次交谈，老师了解到：姗姗的问题出在家里的小弟弟身上。小弟弟刚满两岁，既是牙牙学语，蹒跚起步，萌态可掬的时候，也是需要家长，尤其是妈妈投入更多精力的时候。其实，姗姗妈妈在孕育小弟弟的过程中，也算是做了功课，直到小弟弟出生，姗姗都表现得懂事体贴，是妈妈照顾弟弟的好帮手。两年过去了，姗姗为什么又介意起弟弟呢？

姗姗从小敏感懂事，很少让爸爸妈妈着急生气，只要爸爸妈妈要求过交代过的事情，姗姗几乎都能让爸爸妈妈满意，就是别人口中的"天使宝宝"。看到妈妈孕育弟弟的辛苦，懂事的姗姗心疼体贴妈妈，妈妈又提前做了功课，姗姗也深信不疑：生个弟弟或者妹妹就又多一个人爱自己。直到弟弟出生，姗姗虽然还没有感受到来自弟弟的那份爱，但她理解，弟弟太弱小了，是需要爸爸妈妈和她照料的，要等弟弟长大。但弟弟长大不是一朝一夕的事，姗姗还没长大呢，青春期也来了。弟弟越来越粘妈妈，家里爸爸妈妈、姥姥姥爷每天一边觉得照顾弟弟辛苦，可一边每天围着弟弟转，经常被弟弟的萌态逗得哈哈大笑。每当这时候，姗姗内心复杂，明明充满嫉妒，但她的"懂事"又不允许她说出她内心的不满。只好悻悻而去。这时，不管爸爸妈妈跟她交流什么事情，都可能碰到"炸药包"；甚至可能只是妈妈的日常交流："姗姗，你要的签字笔到货了。""怎么不是我原来用的！"回答冰冷又挑剔；如果情绪没有得以释放，这份愤懑就积攒起来，变成了某个时候的莫名其妙的"炸药包"。除了莫名其妙的不满和发脾气，爸爸妈妈还发现，很多时候，根本就没有批评姗姗的意思，刚提出问题，姗姗就哭起来。

细心的爱呵护敏感的心

姗姗的问题在近些年的二胎家庭非常常见。老大产生心理问题，很多父母觉得很冤枉。绝大多数家庭，也并非重男轻女或者偏爱二胎，只是小的确实需要更多的时间与精力。很多家长说，他们已经很注意老大的感受了，以前他们小的时候不也都是两个三个的，没见家长多么关注哪个孩子的心理，也没觉得受到伤害。时代变了，尤其是大城市，早就脱离了物质匮乏的年代，孩子一出生就受到周围人的高度关注，其实，仔细想想，也不难理解，谁愿意分享父母的爱呢？而二胎又遇上多愁善感的青春期，就更需要父母细腻的平衡。

首先，要把二胎给家庭带来的影响降低到最小。一个生命诞生，又多了一个分享父母爱的家庭成员，这是多么大的变化。如果因此而让老大的生活有很大的变化，可想而知对老大的伤害。比如有的家庭因为需要更多人来帮忙照料二胎，而让老大的房间有所调整；因为要照料二胎，本来每天接送老大上下学的妈妈让老大自己上下学……大人是无意的，而且本来就打算自初中开始就锻炼孩子的自理能力。但如果时机不成熟，尽量不要改变老大原有的生活，以免"雪上加霜"。

其次，本来老大独享父母的爱，二胎的出生，也仍要让老大感受到父母对自己那份独特的爱。非常赞赏一个妈妈的做法：在二胎出生前，爸爸妈妈每年假期都会带老大外出旅游。二胎出生当年，实在不具备出游的条件，妈妈跟老大商量，尊重老大的选择，报了老大感兴趣的篮球夏令营。第二年，妈妈能脱开身后，拜托自己的父母及保姆照看弟弟，爸爸妈妈带着老大，一家三口像以往一样去旅游，老大感受到跟以前一样的父母给自己的独特的全身心的爱。在日常生活中，也要时常制造机会，让老大感受到父母对自己"偏爱"。弟弟妹妹越是粘妈妈，妈妈越是要腾出时间，专心陪老大，让老大心安。如单独陪老大去书店买一本心爱的书，一起看一期孩子喜欢的综艺节目，聊聊喜欢的明星。甚至有时也要像陪弟弟妹妹一样，陪已经"长大"的老大听睡前故事，和孩子聊天入睡。

再次，要树立老大在弟弟妹妹心目中的地位与形象，让老大感受到重视，同时更有责任感。当然，也不要因此给老大提更多更高的要求，虽是老大，毕竟也还是孩子。比如，周围的人总是把"你是哥哥（姐姐），妹妹（弟弟）这么小，不懂事，你要让着她（他）！他（她）那么小，抓你能疼到哪里去！"这样的话挂在嘴边。十三四岁的孩子本来有分寸，也有让着弟弟妹妹的觉悟，可是当周围人都把这当作理所当然，在敏感的青春期孩子的心里便成了包袱，也许就会爆发或者埋伏起来。

家庭是孩子的第一所学校，不管是独生子女家庭还是多子女家庭，都会面临纷繁棘手的教育成长问题，作为家长既无须焦虑，也不能放羊，不能消除孩子成长的所有困境，但可以不断学习，用心观察，尽可能地帮助孩子化解心结，健康成长。

北京市东直门中学　马云

自我发展篇

做到"四个相信"，实现"四个回归"

初三，是一个重要的时间节点，既是初中阶段的总结之年，又是开启高中阶段的准备之年，学生既面临着升学的压力，又处在青春期的重要时刻，父母如何帮助孩子平稳地度过这一人生的重要阶段，并协助初三学生全面提高学习能力，就显得尤为重要。提升初三学生的学习能力，家长需做到"四个相信"与"四个回归"，才能取得满意的结果。

初三，是承上启下的一个学年，既是初中阶段的总结之年，又是开启高中阶段的准备之年。在这个重要的时间节点上，学生面临着升学的压力，同时十五六岁的青少年又处在青春期的重要时刻，父母如何帮助孩子平稳地度过这一人生的重要阶段，并协助初三学生全面提高学习能力，就显得尤为必要。提升初三学生的学习能力，家长朋友需做到"四个相信"与"四个回归"。

一、相信孩子，回归自主学习

自主学习能力，是学生能够可持续发展的重要能力，在孩子学习能力中，可以说，最重要的就是要具备自主的学习动机。用自我驱动力促使个体发展，这不仅是在初三年级中取得进步的推动力，同时也是为高中阶段继续发展做好基础准备，所以，如何激发孩子的内部学习动机至关重要。

第一，家长的角色定位在初三学生学习能力发展中非常关键，父母要给予孩子足够的信任，尊重孩子的主体思想，做好"辅助"作用。马斯洛提出的需要层次理论，将人类的需求分成七个层次，从层次结构的底部向上分别是生理的需要、安全的需要、归属和爱的需要、尊重的需要、求知的需要、审美的需要以及自我实现的需要。这七种需要具有层次性和顺序性，只有满足了低层次的需要，才会产生更高层次需要。因此，如果想激发孩子产生足够强烈的学习动机，即产生"求知的需要"，就必须要满足孩子"被尊重""被爱""有归属感"的需求。所以，家长朋友要做到无条件地相信孩子、尊重孩子。此外，在家长的角色方面，需成为孩子的保护者、激励者、陪伴者、引领者，而不是指挥者、命令者，应该充分让孩子自己学习，以发展其主动学习、自主学习能力。

第二，家长可以为孩子设定具体适当的目标，并适时给予奖励，以发展初三学生自主学习习惯。《游戏化思维》作者、沃顿商学院教授凯文·韦巴赫指出，其实大多数的人类活动本身就是游戏，需要花时间精力去练习、提升等级、克服困难，才能变强，成为高手。在游戏设计中，有个概念叫"粉末任务"，就是把每一个任务都碎成粉末，每粒粉末都非常容易达成，以此来激励孩子获得达成每一个阶段性目标的胜利感，从而产生能够有效完成目标的胜任感。因此，家长朋友们可以根据孩子的自身能力，与孩子共同商讨、一起制定总目标，并将总目标分解成可以实现的众多具有可实现性的小目标。总之，家长和孩子不仅要一起设定总体目标，比如在中考中各科要取得的成绩，还应该设置阶段性任务，可以是周目标，也可以是月目标。此外，家长朋友还应该辅助学生有效管理时间，帮助孩子记录成长轨迹，在孩子完成某个阶段性目标时，家长可以给予孩子一定的奖励和鼓励，可以满足孩子的一个合理的小心愿，以此激励学生不断发展自主学习的能力。

二、相信教师，回归课堂节奏

学生最多的时间是在学校里的课堂中度过的，可以说，对于学生知识的学习和能力的掌握，学校课堂和教师占据着至关重要的地位。同时，学校中的教师与学生接触最为紧密和频繁，是最了解孩子具体情况的良师益友，因此，如果家长只想借助校外培训机构来提高学生的学习水平，这就是舍本逐末。学校的教师拥有良好的教研、备课体系，对于学情和考情有着充分的理解，只有充分吸收好学校课堂上教师讲授的知识，提升孩子在学校课堂中的学习效率，孩子的学习水平才能最大程度上取得飞跃。

初三孩子大体上可以分成三类。

第一类是程度稍好的学生。这类学生往往基础知识扎实，学习能力较强，老师上课讲授的知识或讲解的题目对于他们来说比较简单，此时家长和同学就经常急于攻克难题、偏题、怪题，而不想去听老师在课堂上讲的内容。但是家长要注意到，在考试中 80% 甚至 90% 都是基础题或中等难度的题目，同时孩子基础知识掌握得扎实和牢固，不代表完全没有问题，上课可以把老师的讲解当作是一次查缺补漏，或是一次加深印象的巩固复习，这都是大有裨益的。此外，在试题方面，孩子虽然会做，但是思路不一定完全正确，所以此时还需要跟随教师来进行解答题目过程的具体推演。总之，家长要引导孩子，要相信教师，要跟随教师的脚步一步一步将知识掌握牢固，绝不可以脱离课堂，这样在升学考试中，才能根基牢固。

第二类是大部分基础知识掌握得还可以，差不多能跟得上课堂节奏的孩子。对于这部分学生，家长就要和孩子一起，跟上老师的脚步，老师"指到哪里，打到哪里"，一般这是没问题的，但是对于这部分同学来说，最重要的是提升课堂的效率，尽全力做到完全理解老师讲解的内容，充分利用好课堂上的时间，不要再用课余时间进行重复性的工作。

第三类是属于基础稍差的后进生。家长首先要明白，孩子成绩的提高或能力的提升，必须要坚定地立足于课堂上的 40 分钟，试想，一周数学五至七节课，如果课堂听课质量不高，甚至放弃课堂，再牛的名师也无法在课余几个小时内给你补齐所有的知识。同时，家长朋友也要相信，教师不会放弃任何一个孩子，如果孩子在课堂上跟不上，那就要尽力听讲，把有困惑的问题记录下来，做好笔记，再在课下的时间及时向老师请教。

家长和孩子不能依靠，甚至依赖所谓的补课，更不能在周末全天候、多学科补课，因为这是舍近求远、舍本逐末的表现，也会使得孩子不重视课堂，甚至出现游戏课堂、放弃课堂的情况，从而导致学生在课堂听课的效率低下。此外，课余时间大量的补习也占据了学生自主学习、反思总结的时间，所以家长和孩子要相信学校教师的素质，跟住学校课堂的节奏，听从学校的进度安排，只有如此，才能取得扎扎实实的进步。

三、相信总结，回归反思提升

总结才能进步，反思才能提高。反思是一种有益的思维活动和再学习活动，它可以激活学生的智慧，是学生能够快速发展的重要推动力，只有掌握了举一反三的能力，才能实现 1+1 ＞ 2 的效果。学生如果具备了反思的思维能力，就能够将模糊、疑难、矛盾和某种纷乱的情境转化为清楚、连贯、确定和和谐的情境，就能实现有效学习。因此在初三这样一个承前启后的关键时间点，反思总结能力在初三学生的学习过程中起到举足轻重的作用。

到了初三,一个显著的变化就是学生需要做大量的习题，经历很多次考试，那必然就会有很多错题。家长也希望孩子多做题、多练习，却忽略了最重要的反思总结这一环节，有些家长和孩子甚至认为反思浪费时间，不如多做几道题目。虽然练习是必要的，做题也是检验学习成果和巩固知识基础的必由之路，但是家长需要记住，做题往往在于"精"，不在"多"，尤其是在初三这个重要阶段，课余时间是极其宝贵的，如何使得课余时间能够发挥最大的价值，是家长和孩子需要一起思考的问题。因此，家长要调整心态，不给孩子额外的负担和压力，更要引导、培养孩子"抓住母题"的能力，形成总结反思的良好习惯。

要想培养学生的反思能力，就要利用好错题本等辅助工具。首先，要在练习或者考试之后，让孩子自己总结哪些不该丢分的地方失分了，哪些知识点自己还没有掌握，并将这些题目整理到一个错题本上。若孩子时间紧，任务重，家长此时可以辅助学生整理错题本，代替学生重新抄写或打印题目，帮助学生节省时间，同时这也可以让学生重新再做一遍题目，在回顾当时思路的同时，注意题目的"坑"。其次，要让学生自主地将考查重点、易错点用不同颜色的笔勾画出来，把做错的题目进行有效总结，让孩子学会反思，反思"为什么错"，深刻总结"下次做这类题目应该注意什么"。

初三不仅要学习新知识，还要不断复习前两年所学的内容，俗话说"温故而知新"，这对初三学生来说也是非常重要的，在复习中总结，在回顾已学知识的过程中不断形成知识体系与知识脉络。家长协助孩子做好复习计划，在计划的指导下，总结已有知识，还可以让孩子制作思维导图等，让孩子在头脑中形成具体、明晰的知识框架。与此同时，帮助学生掌握举一反三的能力，并长此以往坚持下去，孩子的学习一定会因为更先进的方法与更有效的积累，最终使得能力不断提升，不仅在初三年级从量的积累走向质的飞跃，同时也为即将到来的高中阶段，打下良好的学习方法与正确的学习习惯的基础。

四、相信规律，回归教材内容

教材，无论是在日常教学中还是在考试中，都发挥着

"指挥棒"的关键作用。在初三关键的一年，家长朋友要了解，教师平时的教学和升学考试是有大纲的，在考试时所考察的知识点大多直接出自课本，考试的内容也是基于教材而制定的，所以说"教材是最好的辅导书"。

"把厚的书读薄，再把薄的书学厚"，是初三学生需要掌握的一项极其重要的学习能力。当孩子们上考场，脑子里并不会记住书本讲义上的每一个字，而是要抓住里面最核心、最关键的部分，从而进行灵活运用。我们听别人讲话，也不会记下每一个字，而是对感兴趣的、别人强调的、关键的概念、信息有所捕获。所以要想学生在初三学得又快又好，省时省力，一定要学会并掌握"提炼"能力，归纳总结每一节课的知识脉络。除了提炼教材，更要回归教材。那么，具体应该怎么样回归教材内容呢？回归教材应该注意什么呢？

一是要明确回归教材的目的，切忌为了回归课本而回归，而是要有目的地回归教材。回归课本的目的要么是为了理解或记住某个知识点，要么是复习某种方法，要么是总结梳理知识体系。回归课本一定要有目的性，并不是听老师说回归课本，自己就拿起课本毫无目的、没有针对性地随便翻翻，寻求心理安慰，或敷衍地完成任务，要知道，走过场是毫无意义的。二是选择回归教材的恰当时机。什么时候需要回归教材呢？可以是做错题的时候，翻一翻课本，也可以是忘记基础知识、题不会做的时候，还可以是做题做不下去的时候，这些时间都可以拿起课本，同时拿出之前总结提炼的思维导图，复习、总结和归纳知识点。三是要按照不同学科，制定具有针对性的回归教材方式。比如历史学科，可以辅助孩子通过教材目录检验自身基础掌握的程度，拿起历史教材，首先思考这册书的目录上有哪几个章节，每个章节主要介绍了哪些史实，以此从宏观到微观，在回顾、检验的过程中，做到从厘清各章节的基本线索，根据目录系统回顾知识点，并构建知识结构，从而达到明晰、记忆各历史史实和相关知识点的目标。中考，既是初中毕业考试，又是高中选拔考试，中考是一次对初中三年所学的教学内容进行的全面考查，这就需要家长帮助孩子们有效回归教材、梳理教材、提炼教材、记忆教材。

初三学生站在初高中的转折点，既需要全面回顾复习初中所学，又需要在这一年内厚积薄发，为即将到来的高中阶段做好准备。中考是初三学生的指挥棒，中考是具有基础性、综合性、应用性、创新性等考查要求于一体的一次考试，所以需要家长协助孩子发展相应的学习能力，以取得满意的结果。

北京第五实验学校　阮守华

凡是过往，皆为序章
凡是未来，皆可期待
——送给高三同学的三点建议

源于对高三一年的期待，对十二年学业有成的期待，大家都希望高三的同学们站在新的起点、抓住新的契机、取得新的成绩。结合高三同学的思想实际，有三句话与同学们共勉：凡是过往，皆为序章；凡是未来，皆可期待。坚信有过程才会有结果；坚信有过程就会有结果。态度决定一切，方法决定效率。

对于马上就要步入高三的同学们，家长与老师都会有很多建议想送给他们。缘于大家对高三这一年的期待，对 12 年学业有成的期待，都希望高三的同学们能站在新的起点、抓住新的契机、取得新的成绩。结合每年我所接触的高三同学的思想实际，有三句话与大家共勉，希望引起大家的思考与共鸣。

第一句：凡是过往，皆为序章；凡是未来，皆可期待

过去已经过去，不必太在意；最后阶段的冲刺已经开始，你们处在同一起跑线，而且距离高考的时间完全一致。

高三了，一般来说，大多数学生对高三或多或少都是焦虑的。而且这种感受会随着你们开学以后复习的深入，感受越来越深。对此，大家不用过多担心。其实这就和往年的学生面对高考一样，越临近高考，越感觉到时间不够用，越来越急躁。这本身就是高考选拔你们的地方。高考绝不是单纯地考知识与能力，考的就是人的综合能力和心理素质。

现在大家有这种感受，说明你重视高三，你对你自己有心理期望，这是好事。

而且不管你们怀着什么样的心态，高三已经到我们面前了。请大家记住：从今天开始，到高考结束为止，我们每个人面前的时间都是一样的。不管以前什么样，现在开始时间是均等的，就看你是不是抓住了，所以希望大家的努力要从今天做起，不要再等到明天。在最后一年中相同的时间里，付出你最

大的努力就可以了。

第二句：坚信有过程才会有结果；坚信有过程就会有结果

面对高三的学生，我每年都会跟他们说这句话。

过程是什么：过程就是你自己每一天的努力；你计划的每一件任务的完成。

只要你努力把过程做好，尽心尽力了，不管最后结果什么样，我们心理上都能接受。我们不接受的结果，也就是人最后悔的事，往往不是努力的结果达不成自己的心愿，而是回想起这个过程中，觉得只要自己再努力一点，就可以成功，但是因为自己的懈怠，原本可以到手的成功而眼睁睁看着飞走了。

一般来说，只要你努力了，结果往往都没问题。即使一时达不成心愿，也许那就是黎明前的最后一个时刻，再坚持一下就会成功。

其实，我们的人生，何尝不像一次次考试连接起来的一个个学期。要想把你的人生过得精彩与快乐，你的态度也要这样：坚信有过程才会有结果；坚信有过程就会有结果。向着结果努力，并享受着过程中的各种快乐。

第三句：态度决定一切，方法决定效率

分析高考能不能成功，我们往往爱谈到四个要素：智力水平、学习基础、学习态度、学习方法。

智力水平，人与人之间的差异不大，这是科学证明的；所以大家不用去考虑我聪明不聪明？智力绝不是影响人学习成绩的主要因素，甚至往往高考不成功的都是因为耍小聪明造成的。所以最后一年你冲起来，就一定能成功。

学业基础，这个确实很关键。但是你不要忘了，高三一切重新复习，实际上每个人又回到同一起跑线上了。

学习态度，这是起最终作用的。态度决定一切，不管是高考，还是你今后的人生路，都是如此。努力了不一定有结果，但是不努力，一定没结果。

步入高三之后，希望大家要有超越自我的决心和心态。人的成长过程中最大的敌人就是自己。在我少年时候，对我影响最大的一本书是中国围棋名宿陈祖德写的传记小说《超越自我》。书中很多细节我记不清了，但是核心的思想就是人一定能够战胜自己，实现人生的成功。它一直在潜移默化地影响着我，我把我这些年的感悟总结了两句话：第一句："如果连自己都管不住，就谈不上超越自我。"希望你们也能够做到事事管得住自己。你们高三这一年有一件事一定要管理好，就是手机的过度使用。因为手机的过度依赖是所有问题的根本原因。第二句："永远不要说自己已经尽力了。"我们做不到很多事，往往就是因为自己认为自己已经尽力了，就不再去努力了，甚至放弃了。说到这里我不知道大家知道不知道 NBA 篮球名宿科比·布莱恩特说的那句话：你见过洛杉矶凌晨 4 点的街道吗？我不知道大家有没有看过网上那幅很有名的图片：清华大学 12 点的图书馆。请大家记住啊：这世上没有天才，所有成功者都是靠我们想象不到的努力达成的。所以和他们相比我们没有资格说尽力了。当你觉得自己已经尽力的时候，只要再坚持一点点，可能就会突破自己的极限，唤醒自己的潜力，实现你原来做不到的事，这就是超越自我。我相信你们一定能做到，进而创造不一样的人生，我期待着。

学习方法。高三是一个特别讲求规律的年级。从时间上讲，不同阶段有其不同的特点。比如说高三开学后，大家往往是拼劲最足的时候。而两个月后，也就是 11 月份到寒假放假前，往往是我们感到特别累，特别容易懈怠的时候，那也正是老师们会带领大家咬紧牙关，打牢基础的时候，所以大家一定要按照老师的复习要求，跟紧队伍。你记住，只要你跟紧队伍，就不会差。再有从学科学习规律上讲，文科理科的学习方法也不相同。所以我个人的建议是大家要多和老师们一起研究研究怎么备考，想想自己怎么复习，整体设计自己的学习策略，设计好学科的计划和方法。

总之，每个同学从高三开始努力，一切皆有可能。而且高三对每个人而言，既是考验，更是历练自己的宝贵财富，只有你自己用心地去经历，才会感受到高三的魅力和精彩。

古语云：博观而约取，厚积而薄发。希望同学们在高三阶段不断积累自身能量，为今后人生的发展做好最充分的准备，幸福自己的人生，报效我们的祖国。

北京市育才学校　桑春茂

如何在家庭教育中开展生涯规划指导

尽管学校是生涯规划教育的主体，家长在相关领域较少受过专业教育知识和能力训练，也缺乏专业性资源支撑生涯教育。但是，家长是陪伴孩子时间最长的人，是孩子的第一任老师，可以从意识培养、探索行动、抉择与执行等方面着手，鼓励学生自主选择，理解选择的价值，认同选择是自己的责任，积极投入到自己的学业规划与未来规划中。

高中生知识才干快速增长，兴趣范围进一步扩大，性格特征趋向成熟，动机层次逐步提高，世界观、价值观、人生观初步形成。但是，生理和心理快速变化也给高中生带来了前所未有的挑战。

从心理发展角度来说，埃里克森的人格发展理论认为，青春期少年面临着自我同一性确立与自我同一性混乱的任务。如果高中生始终处于被动的学习和生活状态里，缺乏自主设计和自主选择的经验，就无法形成一个连贯性、稳定性、统一性的自我。另外，学生在长期与同伴的竞争中无法获得成就感，在父母和老师的高期待中得不到认同而感到沮丧，在学习过程中无法跟上学习进度而感到自卑，这些都会使学生产生"习得性无助"，对自己、对未来产生怀疑、焦虑，进而不敢对自己的人生做出选择或者承担责任。

从生涯发展角度来说，舒伯的生涯发展阶段论认为，高中生正处在个体生涯发展的探索期，探索期的生涯发展任务是在学校学习、课外活动及社会实践中进行自我探索、角色尝试及职业了解，在不断提高学习能力和综合认识自我的基础上规划和设计人生。探索期的生涯发展任务未能有效完成，必然会影响后续阶段的发展。

从现实角度来说，为贯彻落实《国务院关于深化考试招生制度改革的实施意见》（国发〔2014〕35号）等文件精神，北京市教育委员会制定并发布了《北京市深化高等学校考试招生制度综合改革实施方案》，规定建立符合首都教育实际的现代高等学校考试招生制度，形成分类考试、综合评价、多元录取、公平公正的高等学校考试招生模式，彰显以学生为本的价值取向。考试招生制度的改革在给予学生充分自主选择权的同时，也对学生的学业规划能力提出了新的要求。

基于上述背景，高中生生涯规划教育要重视学生的学业规划指导，尤其是对于高三学生来说，需要在完成文化启蒙阶段的学习后，再决定其职业发展方向的源头（对应舒伯的探索阶段初期），深入分析自身特点和社会需要，初步确立专业和职业发展方向，设计现在和未来连通的发展道路。

研究发现，高中生的个人特质和所处环境促进了生涯学习经验的生成，生涯学习经验则通过自我效能感和结果预期进一步促进了兴趣的发展，形成一个动态的反馈回路。其中，生涯学习经验是促进个体兴趣发展的根源动力，也是外部环境促进个体兴趣发展的主要媒介。除了个人特质与外部环境的互动之外，家庭、学校、社区等社会文化环境因素也有助于发展个体的生涯学习经验，提升个体的自我效能与结果预期，最终形成和深化学科兴趣。

尽管学校是生涯规划教育的主体，家长在相关领域较少受过专业教育知识和能力训练，也缺乏专业性资源支撑生涯教育。但是，家长是陪伴孩子时间最长的人，是孩子的第一任老师，可以从意识培养（主动认知和规划）、探索行动（生涯规划和实践）、抉择与执行（决定发展方向并培养相应能力）等方面着手，鼓励学生自主选择，理解选择的价值，认同选择是自己的责任，积极投入到自己的学业规划与未来规划中。

一、唤醒规划意识，启发自主行动

生涯教育的目标是在充分唤醒高中生主体意识的基础上，引导他们形成积极的自我意识，主动完善自我、规划人生。家长应该从生涯规划教育的认识出发，结合招生考试制度改革对生涯规划提出的新要求，认识到生涯教育的重要性与必要性，树立正确的教育观念，掌握科学的教育方法和必要的生涯知识，进一步唤醒孩子生涯规划主体意识。

家长可以通过讲生涯故事等方式实现对孩子的生涯教育，向学生分享成功人士和榜样人物的故事，帮助学生获得间接性人生经验；从真实的他人成功案例中，学生能获得成长启发，在"同类人"中获得自我认同感，看到多元的成才路径和方式。通过这些方式，有意识地引起孩子对生涯的好奇和关注，然后从新高考政策、生涯规划的重要性与意义等多个方面着手，鼓励学生向外看一看"哪些人、哪些资源"可以帮助自己解决问题，主动成长，规划自己的学习与发展。

二、提供多元体验，鼓励全面探索

高中生对大学、专业、职业的认识较为模糊，而观察学习经验的积累是获得生涯经验的另一高效途径。家庭是学校之外另一重要的生涯规划教育阵地，可以有效联合家庭、社会、高校等方面的资源，帮助学生对学业环境、职业环境、社会环境进行综合的体验和探索。

家长可以从家庭成员、工作者等角度出发，为孩子提供生涯体验方面的支持与帮助，让孩子体验各种生涯角色。如家长可以让孩子做一定的家务，如扫地、做饭、参与家庭事务讨论等，通过在家庭中承担一定的家庭责任来实现家庭角色体验。职业生涯体验可以让孩子通过生涯测评等方式发现自己的职业生涯初步目标，了解目标职业的社会需求、职业环境、职业要求等。家长还可以带孩子近距离接触大学和专业，提供机会让他们体验不同的职业，鼓励、支持他们尝试其兴趣爱好所在的事情，帮助他们在生涯体验中更加多元、全面地认识自我，通过替代性学习把体验到的职业精神融入个人理想之中。同时，家长要尽可能带着孩子一起去游览祖国的大好河山，感受丰富多彩的地域文化，增强孩子的家国情怀。家长如带孩子走出去，世界就在孩子的眼前，有利于孩子的生涯规划；如果走不出去，眼前便是孩子的世界，会局限孩子的未来发展。

三、明确生涯理想，建立目标期待

生涯目标代表了个人对未来的想象和期待，是从长远角度帮助学生对自己的人生做出理性的解答，在"应然"的生涯发展可能性中找到"必然"和"实然"。

家长可以在尊重孩子生涯理想的前提下，帮助他们探索并确立生涯目标。对于生涯目标懵懂的孩子，家长需要唤醒孩子深埋心底的梦想种子，可以通过讲述自己追梦的生涯故事鼓励孩子谈一谈自己喜欢做的事情、喜欢在什么样的环境里做事、喜欢和什么样的人在一起、擅长什么事情等，探索孩子的兴趣、价值观等。对于生涯目标还不确定的孩子，家长可以鼓励其对未来进行充分想象，并将理想逐步具化为生涯目标。在这一过程中，家长要注意使用平等对话、积极反馈的方式，帮助孩子认识自身优势。如重视孩子的成就体验，尤其是成就事件中反映出来的积极品质与能力，帮助学生多维度、立体地认知自我，引导孩子建立自我效能感。

四、坚定生涯选择，提升执行能力

生涯规划其实也是由一个个选择构成的，选择的过程复杂并与一定的结果相连，导致一些学生存在畏惧心理，没有勇气承担选择的后果，进而回避选择。生涯规划的重要意义之一也在于引导学生以积极的信念面对选择的不确定性，以开放的心态对未来保持关注和投入，在动态平衡中做出适当的选择。在这一过程中，学生能体验成长的意义，有勇气对自己负责，能同时思考现在与未来、自我与社会的关系，参与社会实践，承担社会责任，学会独立与奉献。

家长在教育孩子慎重选择的同时，也要教会孩子对自己的选择负责，要让孩子面对自己选择后遇到的问题，承担相应的后果，不要推脱责任，也不要过于依赖他人，想方设法地解决问题，坚持不懈地努力下去。同时，家长要引导孩子辩证地看待自己的经历和经验，在顺境时，要帮助他们挖掘内在资源，引导他们思考自身曾经有过什么成功经验，现有问题中有没有自己做得好的时候。遇到逆境时，鼓励他们坚持下去，做出哪怕一点点小改变，最终也会引发"滚雪球效应"。

五、注重以身作则，传导价值认同

生涯选择过程的行为本质是价值判断，即对学生来说什么是最重要的、什么是值得的。学生的内在价值判断会受到外部因素潜移默化的影响，尤其是来自家庭的教育和引导。

家长在生涯价值引领方面，既要引导孩子具有关心家国命运的崇高理想，有面向未来的高瞻远瞩、宽阔视野，也要真实关注孩子作为普通人幸福生活的获得，聚焦人生的个体目标以及实现人生志向的生涯。

规划、阶段性目标的建立。如关注孩子的身心健康有助于其适应不断变化的外部世界，培养孩子积极乐观的生活态度可使其具备快速适应的生涯发展能力，培养孩子良好的人际交往技能、时间管理能力、问题解决能力等生涯发展能力，可为其实现生涯目标提供有效的执行力。

在这一过程中，家长既要言传也要身教，可以以自己的生涯经验带动孩子思考，以自己的行动表现推动孩子的行动。因此，家长在对孩子进行生涯教育之前，思考并梳理好自己的生涯经验能够对孩子起到更加积极的影响。

笃志前行，虽远必达。家庭教育是社会文化更直接的反映，对学生的影响更为全面且深刻。生涯规划教育应充分发挥家庭的重要作用，深化学校与家庭的合作共识，形成家校合作的聚力，从而达到双管齐下促进学生发展的目的。

北京第五实验学校　阮守华

写给即将进入北大的女儿

或许很多的孩子在高中阶段睡得很晚；或许很多孩子在繁重的学习中失掉了娱乐轻松的时间；或许父母的严加看管和无尽的操劳并不会让孩子们认可和领情；或许情窦初开的美好瞬间就被扼杀在摇篮……孩子们的生活里也应有若干的小美好，有若干的小秘密，在那段中学时光里，每个人愿意看见自己成长的足迹，看见自己跃动的思想和生命的本真，感动于自己每一次的长大与进步。

我是一名工作多年的中学教师，见过众多的学生家长在教育子女问题上的不同，同时我也是一位家有女儿的父亲，有着家庭教育的亲身经历，于是，便以下文为叙，争做"好爸爸"一员，愿天下父母都能称职。

　　女儿，一路走来，我们满意的也是最欣慰的是，你没有被十年来不断推进的学习生活"束缚"住，对学习仍然满怀着热情与享受，除了学习，还有一片自由活动的天地。试想，一个人的生命的历程中，完全陷入学习的状态而不能自拔，那就会成为一个痴人，甚至会成为一个"废人"，不能真正去享受生命本我的丰富色彩，也往往就不能去创造绚丽的美好。总是能看到你脸上自然绽放着的微笑，我们是多么地安心与踏实，这也是我们多少年来一直想给予你的或者竭尽全力帮你拥有的。

　　至今天，或至更远的未来，家长在孩子的成长中的那份真爱付出通常是碎片化的，一地鸡毛、一地流光。我们从来不敢说在你的正确成长道路上，有着我们莫大的功劳，可能正如亲朋好友所言，孩子本身就棒。但是细思下来，确确实实，我们争取做到了通情达理，能比较准确地认清你的实际情况，在关键的节点上起到了调向和推动的作用。

　　事实上不是每个孩子什么都适合，归根到底，适合什么就做什么，却是再好不过的。可是，在理想化的梦想与功利化的欲望下，又有谁愿意舍弃看上去会左右孩子未来与前途的一切事情呢？正如许多家长所言，再怎样也不能输在起跑线上，可是起跑线不应该是同一的一个，每个人应该有适合自己的起跑线，只有这样，才会越跑越远。这需要我们一起用心去寻找与发现。

小学时，当家长们纷纷急于报课外学习辅导班的时候，你欣然接受的是形体与器乐的兴趣享受，我们也试着带你去上奥数，看你备受煎熬的样子，我们"忍痛"选择了放弃，事后想来，这是无奈，也是勇气，更是明智，它至少没有过多地占用并挥霍掉可以做一些更有价值的事情的时间；而语文阅读与写作的辅导课，你却一下子喜欢上并坚持了下来，总说兴趣是最好的老师，真的是这样，我们笃定地认同这一点，至初中，至高中，语文学习上你都如沐春风，优势明显。喜欢做的事情就要支持和坚持，并成长转化为自身的优势，一切水到渠成；不喜欢的事情，没有任何可能被真正接受的事情又何必勉为其难呢？最起码在那个时期那个阶段是不可取的。不盲目，不跟风，家长也算得上是明智了。当然，有些时候，能不能让你喜欢上做一件事，我们也讲究方法，你刚刚接触写作文的时候，因为不会写、因为写不出来急得哭，基本上是我们写了应该你写的第一篇作文，第二篇还是我们写的，但我们要讲给你听"为什么这么写"，第三篇我们不写了，你自己试着去写，去写你自己绞尽脑汁想出来的想要写的东西，我们适时地给以肯定和指点。重要的一点是，你在观察和思考中迈出了自己的第一步，就会有接下来的第二步、第三步……就这样，写作成了你自己的事情，而且成了你乐于做的、做得很好的一件事情，至今，我们还小心翼翼地保留着刊登了你"长篇大作"的那份报纸，因为那更是芬芳时间的证明。也许，在培养你的写作爱好这件事情上，我们做的也就是适时地"出手"与"放手"。

初中阶段，你最大的收获就是组织活动的能力得到了充分锻炼和提升，由第一次作为入学代表发言到主持初三的毕业典礼，一发不可收，其实，不是不可收，是我们根本就没想"收"，因为在你参与活动的过程中，我们看到了你的热情与潜能，我们欣慰于你乐在其中的向上的精神状态和经历过"大场面"的从容与淡定，这些为高中、大学乃至更远的人生提供了足够丰富的营养。高中时，你乐此不疲地参加学校学生会的工作，连续三年参加了全国中学生优秀传统文化高端论坛的组织与筹备工作，那真的是一种源自内心的热爱与担当，我们表示坚定的支持，从中你也找到精神家园的归属。

其实，无论中考，还是高考，心态很重要，良好心态的养成在于日常的"感染"。家长不能以爱的名义任意地强加意志给孩子，更不能将患得患失的心情在孩子面前表现出来。至于你，遇到不开心的事情时，通常是"一分钟"的不高兴，那时，我们也不去做劝解，任你有一个情绪宣泄的时间和空间，接下来就烟消云散了。事实上，就应该一切向前看，过多的后悔与懊恼没有意义，既然已成为经济学上的"沉没成本"，我们能做的就是在接下来比较适合的时机，一起总结交流一下如何做得更好，只有不断地向好，才能稳定发挥；只有不断地进步，才会达观致远。

通情达理的家长，应该用心关注孩子们的内心世界，用温暖的亲情和足够的时间去触摸、了解、理解、沟通、鼓励、引导、要求孩子们的言行，用自身向上的精神状态去感染孩子们，给以他们力量。这个年龄段的孩子们有争取独立的意识，但还不具备完全独立的能力，甚至在是非观和价值观的选择上没有定向，作为家长，我们要能舍出时间和情感，采用合适的方式与之相处与交流，不能过于强势或强硬，也不能过于偏袒或纵容，有时，作为家长我们不能为孩子创造什么，但起码也不要影响他们什么。其实，在这些方面，我们做得还是很好的。我们学会并掌握了与你友好沟通的方式，尚且记得无论是坐地铁还是开车，我们坚持每天放学都去接你，其实，你完全可以自己坐车回家，只不过一起回家的路上无所不谈、亲密相伴的时光让我们那么惬意和贪恋，从而也洞悉了很多你内在的真实想法，化解了很多烦恼；还有饭前一些家长里短的聊天总能引发一些小辩论和形成一定的小共识；睡前和妈妈的私聊可称得上是真心话大冒险了……正是这样，彼此心意相通，心里敞亮，健康向上。有许多的来自家长的影响就这样潜移默化地进行，换一句话说，我们不是一个注重说教和管制的家长，当然，也不是急功近利的家长，因为我们知道，你不喜欢我们是那个模板化的样子，我们更愿意贴近你，走进你的心里，共同追求和创造美好。

中考成绩出来后，以你的考试分数，高中的学校你可以任意选了，按常理，当然是录取分数线最高的那所学校了，可是排名最好的学校就一定是最适合你的学校吗？我们有些质疑和纠结，好在，我们没有被虚荣和"荣光"冲昏头脑，经过较为冷静的观察和分析，我们认为你的记忆力和逻辑思维能力是出众的，更适合文科的发展，而在我们的了解中，脚踏实地注重人文素养的提升和加工能力过硬的学校就是那所你最终选择了的名气上并不是最高的学校，然而，在那里，激发了你学习的潜能和兴趣；在那里你有学习的快乐和向上的动力；在那里有释放和塑造你的空间和舞台；在那里你有珍惜时间和珍藏情感的渴望和行动；在那里你因热爱而奋斗，因珍惜而努力，因不负韶华而不断超越自我。正如毕业感言所云："在这所明亮的校园里，从15岁到18岁，从少年到青年，从依赖到自立，从蒙昧到明理，从嬉笑到专注，在困难中学会思考，在行动中不怨不责，在交际中懂得尊重与理解，在真实的生活中渐渐体会生命的强大。"一个适合你的学校就是最好的学校。人生中总会面临很多选择，做出什么样的选择需要从现实出发，而不能意气用事，择校亦是如此。我们期望在高中生活中你能有灵动的思想和有趣的灵魂来支撑你前行的路，成为一个关心生活、关注社会的用心雕刻时光的人。所以，高一、高二你参加了那么多的学校及社会的活动，我们从未做任何干涉而且给予了你温暖有力的支持，因为在这些活动中，我们看到了你积极的精神状态和综合能力的提升，看到了你的责任担当和价值追求。其实，正因为沿着光亮奔跑，你学会了恰当处理学与玩的关系、课堂效率与时间管理的关系，学会了任何学科都不偏废、为己所用的关系……通常人们习惯于等待模式，有一些问题在等待中去解决，或者说等待的状态下我们不知道自己需要解决哪些问题？等待的结果是什么？碰巧有些问题解决了，而更可能的是有很多的问题积累下来已经成了顽疾，可是要是主动地去处理每一个心中有数的问题，结果就是你会变得越来越强大。作为一名优秀的学生，必备的素养是要有主动性，你恰恰这一点做得很到位，结合自己的实际情况，有规划、有安排，有节制，主动学习，主动参与，主动改变，主动超越。

每一学科的学习对一个孩子的发展来讲都是有用的，可能暂时表现不出来，但从长远来讲，或多或少地潜移默化地影响着我们。但是，因为高考选考的问题，通常就会出现"偏科"现象，高考科目的学科就高度重视，而非高考科目的学科就完全放弃或者课上恣意妄为。其实，越优秀的学生越是品学兼优、全面发展，道理很简单，综合素质和能力、习惯是相长相促的，"残疾式"的学习，只能是目光短浅之举。而你恰恰每一学科都重视，认真上好每节课，迁移转化，融会贯通。

或许很多的孩子在高中阶段睡得很晚，或许很多孩子在繁重的学习中失掉了娱乐放松的时间，或许父母的严加看管和无尽的操劳并不会让孩子们认可和领情，或许情窦初开的美好瞬间就被扼杀在摇篮中……孩子们的生活里也应有若干的小美好，有若干的小秘密，有若干的小成就，在那段中学时光里，每个人愿意看见自己成长的足迹，愿意看见自己跃动的思想和生命的本真，愿意感动于自己每一次的长大与进步。我们不愿意做受累不讨好的家长，我们宁可允许你自行地选择和尝试你愿意做的事情，只是适时地参与进来，看着你、帮着你快乐成长，收获信心和本领，倾注关爱与亲情。

　　走进北大是你的幸运，也是你的实力使然，是你的勤奋努力与明智选择促就了今天的相逢与机缘。那里，尽管高手如云，然而，遇强则强，你会遇见更多的美好，会成就更好的自己。我们从来不怀疑你可期的未来有多灿烂，只是期望在这样一个美好的年华，一个神圣的殿堂，你能把握好自己的每一步，依旧快乐，依旧向上，依旧持有纯真，依旧有自己的思考和思想，学以广成，学有所用，不断超越自我和充实自身，向更高的目标迈进。加油！我们会坚定地与你同行！

北京市第十五中学　张希涛

浅谈对中小学生有益的七种重要习惯

教育家叶圣陶曾经说过："积千累万，不如养个好习惯。"在青少年阶段至少有七种良好的习惯是我们要帮助学生养成的，如生活习惯、行为习惯、专时专用的习惯、锻炼习惯、阅读习惯、书写习惯、思维习惯等。这些都是影响学生一生发展的良好要素，具有不可或缺性，只要家校共育，一定会取得良好的效果。

教育家叶圣陶曾经说："积千累万，不如养个好习惯。"这是大家都认同的教育理念，所以在日常工作生活中，家长与教师都非常关注学生的立规成习。尤其是这几年因为疫情防控，学生们都经历了居家自主学习。我相信这段特殊时期的特殊经历，给我们每个人在学生习惯培养方面都带来了更深刻的启示与思考。

针对学生在这个特殊时期的特殊学习、生活经历，通过对部分教师的调研问卷，以及收集现阶段网络上发布的一些统计信息，我们可以得出结论：教师和家长都比以往更加关注学生全方面的习惯养成，而非单一的学习习惯。究其原因是大家都更深刻地体会到：学生的学习和他们的各种习惯都是分不开的，换句话说，学生的成长依靠的是他的核心素养、综合素质，而非单一的关键能力。当学生自己居家学习时，决定他们学习状态的绝不仅仅是学习习惯，与他们所有的习惯也都有关。例如能否早睡早起就是决定学生能不能完成居家学习的基本生活习惯；学生是否能坚持锻炼决定了他们这段时间的身体状态，而且多巴胺的分泌更有助于调节学生的情绪，不至于整天在家处于"半休眠"状态，导致身体素质下降与情绪萎靡；是否有读书的习惯决定了这段时间他们的阅读量；是否有劳动的习惯决定了他们在家是不是愿意帮助家长做家务，能不能一起营造一个良好和谐的家庭氛围；等等。

由此我们要想到：学生终将从学校毕业走向社会，他工作后的学习、生活状态就类似于现在这种"居家自主学习"。所以说一个人今后能否取得成功，就取决于他们是否有各方面的良好习惯。

习惯有很多种，很难一一列举。我们从教育工作的实际出发，不可能在育人的过程中针对每一项都进行单独的设计。我们对学生立规成习的培养既要强调全面，还要突出重点。结合我的教育经验，我认为有七种重要的习惯对学生的成长非常有帮助。

一、七种重要习惯，是帮助学生成才的七种"武器"

在我看来，至少有七种良好的习惯是我们要帮助学生在青少年阶段养成的：生活习惯、行为习惯、专时专用的习惯、锻炼习惯、阅读习惯、书写习惯、思维习惯，这些都是影响学生一生发展的良好要素，具有不可或缺性。同时又是在青少年阶段要培养学生养成的，有较鲜明的时效性。所以我用"重要习惯"来描述它们。

（一）生活习惯

包括饮食起居、卫生、劳动等各类与生活有关的习惯。对于中小学生而言，坚持不断地培养良好的安全习惯是从小就要特别重视的生活习惯。好的生活习惯，会伴随学生一生，将直接影响学生的身心健康。而生活习惯的养成尤其是对小学生非常关键。回想我们今天能够坚持的一些健康的生活习惯，都是小的时候就养成的。

（二）行为习惯

一个人的行为是其内心修养与思想境界的外在体现，所以我把常说的道德习惯、文明习惯都归纳成行为习惯，就像老北京在与人交往上是有很多"讲究"的，这些讲究看似是一些礼节，实际上代表着与人打交道的礼貌与一个人的道德水准。

（三）专时专用的习惯

专时专用有助于学生今后逐步学会如何进行时间管理。对于在成长过程中的学生，"做事要专注、做事不分心""当日事当日毕""该上课的时候就专心听讲、该游戏的时候就专注玩耍"等专时专用的习惯，是最扎实也是最重要的。

（四）锻炼习惯

锻炼既能强健体魄，又能培养一个人坚忍的意志品质，更能起到调整一个人不良情绪的作用，有百利而无一害。一个人的锻炼习惯一定是从小开始，经过一段时期养成的，而学校对学生养成终身锻炼的习惯起到很重要的作用。

（五）阅读习惯

阅读最大的功效不仅仅在于扩大一个人的知识面，更在于创造越来越聪明的大脑。科学证明，一个人是可以通过后天的努力，变得越来越"聪明"。这种聪明，在脑科学的研究中表现在脑神经元的连接越来越多，而阅读恰恰可以做到这一点。所以说阅读使人睿智是科学的，是经过脑科学研究证明的。

（六）书写习惯

书写的习惯包含两个内容：一是写字；二是写作。现代人工智能日益普及，但写好软硬笔字仍是不可缺少的技能。练好写字不仅让人有一手赏心悦目的好字，练字的过程更能使人静心，静而生慧是人最好的状态。写作看似是文笔的问题，实际上是思想的深度、宽度，思维的严谨性、逻辑性等在起作用。所以常动动笔，会让人保持清醒的头脑，以及清晰的思辨能力。

（七）思维习惯

人与人之间学习力的差距，很重要的一部分体现在思维差异上。我们都知道，知识的"学会"，实际上是人们把知识内化到自己的知识体系中，而这种内化的过程，就是靠思维完成的。这就像我们常说的："学问"，既要学，又要问。"问"就是思维的过程。所以我们现在的课堂教学越来越强调学生学习方式的转变，其本质就是提升学生的深度思维，而非浅层次学习，所以培养学生的思维习惯尤为重要。

二、抓住五种有效做法，打造良好习惯

怎么做才能引导学生逐步养成这些良好的习惯呢？我认为以下五种有效做法要把握好。

（一）抓住每个"第一次"

心理学有个"印刻现象"，充分地解释了第一印象对人的重要作用。我们在教育中要充分利用好每个第一次的时间节点、重大事件的契机，来帮助学生从最开始就建立良好的习惯。很多时候，"第一次"的要求一次性到位，学生今后从心理上就会习惯地按照这个标准去做，就不会觉得有多难理解和多难执行，对这类习惯的养成就事半功倍了。比如说小学生刚入学的时候，老师们都对拿笔的姿势提出了要求，其实这不仅仅是为了更好地书写，更是为了防止近视，这点从一开始就严格要求好，我相信对预防孩子的近视一定是有帮助的。

（二）教育学生知其然，知其所以然

教育学生养成任何一种习惯，既要告诉学生怎么做，更要告诉学生为什么这么做，坚持这样做的好处，不这么做的危害。即使学生一时无法形成习惯，也要让他知道什么是有益的，什么是不利的。

（三）设计可操作的模式

"睡前读书""饭后散步"之所以成为很多人的习惯，就是因为其可操作性强。我们很多学生学习的习惯养不成，都是操作性不强造成的。我们可以采取"固定时间、固定形式"的方法，反复强化，因为很多习惯就是要靠模式化的设计来强制性形成的。例如我们育才学校的小学部，每天中午为开展硬笔书法练习而设置的《静习真书》书法课程，就是固定时间、固定形式，这对学生养成练字的习惯有很大帮助。

（四）言教不如身教

我们的老师与家长，在培养学生良好习惯的时候，一定要身体力行，给学生做好表率，这样才有利于学生接受。这同时也是用好习惯提高我们自己。我见过很多不读书的家长一旦开始每天陪着孩子读书，孩子的学习能力和阅读兴趣都有了明显的提升。说得再多，不如让孩子学习身边的榜样。

（五）适度地表扬与惩罚

表扬作为一种教育手段其实是很有学问的，需要我们慎用。如"表扬努力不表扬能力"是使用好表扬的一个原则。它是一种心理上的积极性的刺激，一定能促进学生向老师与家长希望的方面转变；而适度的惩罚则是告诉学生什么是不能去做的。如现阶段特别要防止的就是学生对手机、网络的过度依赖，这是需要家长在教育过程中必须表明态度的。就像有人说：养成坏习惯容易，养成好习惯难。我理解这是坏习惯刚出现的时候，我们的惩罚手段没有跟上。

总之，习惯的力量是巨大的，它是雨水润物，水滴穿石。如何引导青少年养成良好习惯对家长、教师而言都非常重要。少年时期正是培养孩子形成良好习惯的黄金时段。我相信只要我们的家长和老师认识到了并且行动起来，一定会取得良好的效果。

北京市育才学校　桑春茂

用温暖与爱滋润孩子的心田

　　无论什么样的家庭，父母与青春期的孩子相处，都需要遵循的是：建立温暖与爱的良好的关系。这是滋润孩子心田的雨露，只有孩子感觉得到温暖与爱，才能焕发生机。

小元是个淘气的孩子，总有些坐不住，上课时脑袋就像拨浪鼓，不管他坐在哪里，周围都是热热闹闹的。他的成绩倒是一直不错，有时名列前茅，差一点的时候也没出过前十名，尤其是数学，碰到难题，全班只有一个同学能做出来，那肯定是他。不管对同学对老师，他既热情又真诚，还有正义感，每天笑呵呵的，深受同学欢迎。老师们呢，对他头疼是真的，喜欢也是真的。

　　但进入初三以来，小元开始三天两头迟到，有时妈妈会跟班主任请假："老师，早上闹钟响没听到，起床晚了。"有时不请假，等小元到校，问他迟到的原因，他仍旧笑呵呵的："对不起老师，我起晚了。"班主任知道他家住得远，嘱咐他晚上早点睡，提高写作业的效率。每次他也总是连连点头。再后来，竟有几次全天不来上学，妈妈每次都请假，说孩子身体不舒服。每次他再回到学校，问他时，他也仍旧只是笑呵呵："我头疼。"有时按时来学校了，上课时经常趴着就睡着了。老师正想与家长联系，不想家长主动跟老师说了原委："老师，我不替他瞒着了，小元通宵没睡，玩手机打游戏，早上起不了床。"跟家长沟通后，老师决定假装不知道他不能到校的真实原因，更加关心他，并交给他午间给全班同学测体温的任务，体温枪也放在他手里，告诉他一天也不能少测，想以此督促他能按时到校。小元果然坚持了几天正常到校，但是上课睡觉成了常态。与此同时，在家里跟妈妈的矛盾也升级了。妈妈不再有顾忌，气愤至极："老师，我不愿意管这孩子了，让他爷爷从农村来管他，我生不起那气。"既已如此，老师跟小元把话说到了明处。小元沉默了一会儿，突然严肃起来："老师，您知道吗，其实我不迷恋游戏，我就是随便看看，有时看看小视频，有时跟同学聊会儿微信，有时候听歌，偶尔也玩游戏，但我不着迷，甚至觉得挺无聊的。只是，我不想听我妈唠叨。从我回到家，她就开始催我学习，我写作业的时候她总进我的房间，看看我在干什么，只要看见我闲着，就叨叨。我说今天作业写完了，也复习完了，她又会说：'不能满足于写完作业啊，我上学那会儿……'"原来小元把手机当成了躲避妈妈唠叨的树洞，对抗妈妈唠叨的武器。说出这些的时候，老师心里也难过起来。十几岁的孩子，家庭和学校，家人和老师、同学就是他的世界，他确实不知道如何摆脱这摆脱不了的烦恼。一番推心置腹后，小元答应老师，理解妈妈，按时休息，正常学习生活。因为小元的成绩一直还不错，长期观察他学习、思维习惯，发现也还好，班主任与小元妈妈进行了沟通，让妈妈相信孩子，对孩子放手。妈妈也愿意尝试改变。第二天，班主任就收到妈妈的反馈："谢谢老师！您嘱咐了早点睡觉，就是不一样！十点洗澡，十点半躺下了。好长时间没这样了……"然而，好状态没有维持几天，一切又回到了原点。小元妈妈又发来信息，隔着屏幕感受到她的悲愤与无奈："各科作业基本不写，甚至抄袭。彻底摆烂！过去通宵不睡玩手机，第二天还要起床上学，现在通宵不睡觉，第二天根本喊不起来，旷课就旷课了，根本无所谓！我真的没有想到这个孩子以这样的方式进入初三，可以预见中考的结果……"

小元的爸爸妈妈都是大家口中的"新北京人"，通过自己的努力，从外地的农村考上大学，如今在各自的单位发挥着重要的作用，有着不错的收入和生活。也正因为自己拥有良好的教育背景，对子女的教育也更加重视。在他们的理念中，教育背景一定程度上决定了子女未来的社会地位和身份。

有研究表明，"70后"人群对于子女教育的焦虑程度最高，主要由于这个年龄段人群大部分子女正在进入中学阶段，即正处于教育的关键点。小元的父母就是这种情况。这就不难理解，为什么尽管小元的学习成绩还不错，妈妈总有更高的要求，明明跟同学老师相处融洽，甚至可以说人缘颇佳，这是很多父母求也求不来的高情商，也没有让小元妈妈引以为傲。另外，也正是因为优秀，小元爸爸被单位派往外地主持重要工作，长期不能回家，他的家庭属于我们常说的假性单亲的家庭。现代幼儿教育的重要奠基人福禄贝尔曾经说过："国民的命运，与其说是操在掌权者手中，倒不如说是掌握在母亲手中。因此，我们必须努力启发母亲——人类的教育者。"我们也总听到"一个好母亲决定三代人的命运"这样的说法，可见母亲在教育孩子过程中是不可替代的角色。可是从现实出发，女性也是职场半边天，一方的缺失可能导致另一方需要对孩子投入双倍的精力，承担双倍的责任，这对伴侣来说是不公平的。有研究者认为，伴侣角色的缺失对于整个家庭来说都是一种慢性压力源，长期处于慢性压力下的人，通常会产生一系列的身体、心理问题，以及倦怠感。而这种压力也会通过母亲传递到正在成长的孩子身上，比如，母亲会有更多埋怨、愤怒情绪甚至可能因为生活压力过大或者其他原因导致母亲角色缺失的发生。小元妈妈承受了多年，难免有压力。小元妈妈对小元的愤怒与无奈，也经常向在外的丈夫诉苦，而小元爸爸既对小元的不求上进感到愤怒，又对妻子因整天与孩子无休止地吵闹、诉苦心烦无奈，有一次与班主任老师交流，甚至说："老师，我们这个家过不下去了。"任由发展，小元家真的是要"从假性单亲到名副其实的单亲"。有一段时间小元爸爸休假，跟班主任交流时说道："老师，我没觉得孩子像她妈妈说的那样严重啊，感觉还是可以沟通的，约定好时间，小元也没有非要看手机。我对孩子还是有信心的。"其实，这恰恰证明了家庭中父亲缺失带来的影响。当小元的父亲回到工作岗位，小元与妈妈又恢复了剑拔弩张的状态。父亲角色缺失所带来的影响恐怕只能是缺失的父亲回归到家庭中才能够弥补。伟大的母爱和深厚的父爱在孩子的家庭教育中都是不可或缺的。孩子只有同时享受到父母双方的爱，才会是真正健康阳光的孩子。

分析小元家庭的具体情况，再看小元进入初三以来的种种"变化"，似乎都能找到原因。优秀的父母，因对孩子教育的焦虑而过度关注孩子学习。父亲角色几近"缺失",造成家庭成员无形的压力。小元小一点的时候,学习尚不构成压力,又活泼可爱,压力更多的是来自生活,坚强优秀的妈妈尚能应付。进入中学,尤其进入初三后,学习压力陡增,面临中考,心理既不成熟也不稳定的小元却因生理的年龄让他站在了选择面前,承受着来自学习与各方面的情绪压力。可在妈妈眼中,儿子还是儿子,妈妈并未随着小元的成长调整与他的相处模式,从而延续与小元的密切关系。相反,自我意识觉醒中的小元与妈妈的感情在不知不觉中疏离,小元对爱、安全以及归属的需求并没有得到满足,致使小元在看似阳光热情的表象下,有着属于可能自己都未知的孤独感和无力感,由此陷入内耗,往往表现出来就是叛逆。孩子的叛逆不是突然的,是一个积累爆发的过程,是压抑久了的结果,他们有自己的思想,又寻求理解。而像小元这一代的父母有知识有学历,都学习了些所谓的"育儿方法",可在实践过程中这些育儿方法往往都变成了搞定孩子的办法。

小元与父母的矛盾有家庭的具体原因,其实无论怎样的家庭,作为父母,与青春期的孩子相处都需要遵循的是:要建立温暖与爱的良好关系,这是滋润孩子心田的雨露,只有孩子感觉得到温暖与爱,才能焕发生机。

要维护、建立与青春期孩子温暖与爱的良好关系,要有对孩子发自内心的信任、鼓励与尊重。13—16岁的中学生,经常表现出不可一世的桀骜，但内心还是非常需要爸爸妈妈的认可和关注。相信孩子，不是相信他立刻能做好，而是相信他真的想做好。父母的肯定，是孩子积极面对学习生活的动力。在相互了解、相互信任的基础上，才能实现有效沟通。有家长说，我也跟孩子聊天啊，我看他不高兴时我也关心他啊，可是他不愿意跟我讲啊。孩子不愿讲有很多原因，但最大的原因恐怕就是"不信任"。为什么不信任？可能以前孩子寻求过父母的帮助，但父母的反应孩子不满意：要么家长过于积极，要么父母不仅不帮，还给予各种批评指教，让孩子觉得得到的不是帮助而是麻烦。这个"不信任感"不是一天形成的。如果孩子能真实感受到父母的信任和尊重，他们也还是会来求助，袒露心声。当孩子面对困难与挫折时，要给予肯定与鼓励，相信孩子能够自己解决。给孩子温馨提示，既不放任不管，也不过度焦虑，给予适当的帮助。在与孩子沟通中，做到真诚与尊重。很多父母表面上很尊重孩子，给孩子很多选择的自由，但实际上孩子心知肚明，父母给的选择都是没有选择的。因为长期的"斗争"，孩子从小就知道父母喜欢什么答案。除了你听我的和我听你的，还有很多中间地带。有人甚至说，跟青春期的孩子相处，要像对待同事那样彬彬有礼。仔细想想，是的，假如父母在与孩子相处的时候不是端着父母长辈"我吃过的盐比你吃过的饭都多"的居高临下的态度，事情就都迎刃而解了。

青春期到来时，无论是孩子还是家长，无论准备得多么充分，还是会有些艰难时刻。作为父母，给予孩子真诚的信任、鼓励与尊重，用温暖与爱滋润孩子的心田，孩子便会焕发生机，充满青春气息。

北京市东直门中学　谢莹